U0929054

海男，中国当代著名作家、诗人，来自云南高原上的一只黑麋鹿。获 2014 年第六届鲁迅文学奖（诗歌奖）。

穿越西南联大挽歌

海　男／著

云南出版集团
云南人民出版社

图书在版编目（CIP）数据

穿越西南联大挽歌 / 海男著 . -- 昆明 : 云南人民出版社 , 2015.8

ISBN 978-7-222-12963-4

Ⅰ . ①穿… Ⅱ . ①海… Ⅲ . ①叙事诗 - 中国 - 当代 Ⅳ . ① I227.3

中国版本图书馆 CIP 数据核字 (2015) 第 187723 号

穿越西南联大挽歌

海 男 著

责任编辑：苏映华
装帧设计：云南非鸟文化传播有限公司
责任校对：徐 霞
责任印制：洪中丽

出版：云南出版集团 云南人民出版社 // 发行：云南人民出版社
社址：昆明市环城西路 609 号 // 邮编：650034
网址：http：//ynpress.yunshow.com //E-mail：ynrms@sina.com

开本：787mm × 1092mm 1/16 // 印张：14.25 // 字数：60 千
版次：2015 年 8 月第 1 版第 1 次印刷
印刷：昆明卓林包装印刷有限公司

书号：ISBN 978-7-222-12963-4 // 定价：34.00 元

如有图书质量与相关问题请与我社联系
审校部电话：0871-64164626 出版部电话：0871-64191534

谨以此诗篇献给第二次世界大战中的西南联大。

只有诗歌的历史可以记录人在时间岁月中的登陆，这是闪烁而忧郁的诗句列队排行，向着新大陆远征的阶梯和坐标。只有诗歌的诞生不是靠技术机器批量生产的，它从古至今，依赖于心灵史的秘密再生或消失。只有诗歌的短句长调，可以与大海之波澜相约并拥抱，只有诗人的使命是永无止境的在水与火中历练，它历练出眼泪和化石，也历练出波澜壮阔的歌唱。

海男

观自在菩萨（序一）

胡　彦

“五年，春，公观鱼于棠。”这是《春秋》记载的鲁隐公五年（前718年）春天发生的一件事情。“观鱼”，本是极微小之事，可是鲁史官竟一丝不苟记之于史，可见，“虽小道，必有可观焉”。

说到“观鱼”，眼前遂浮现出《诗经·卫风·硕人》所描绘的那幅图景：“河水洋洋，北流活活，施罛濊濊，鳣鲔发发。”人们在丰饶的河流中张网捕鱼，鱼跃人欢，其乐融融，岂不快哉？孟子有言：“此无它，与民同乐也。”在孟子看来，诸侯如果能做到“与百姓同乐，则王矣”。试想春暖花开时，鲁隐公风尘仆仆赶到水草丰美的棠地，在榆柳成荫、人声鼎沸的河堤观看捕鱼的场景，岂不是君臣同乐、君民同欢的美事？且慢，在下笔审慎、一字千金的春秋时代，“观鱼”如此细微之事之所以能够“入史”，汉代经学家公羊寿却有一番别样的解释，“何以书？讥。何讥尔？远也。公曷为远而观鱼？登来之也。百金之鱼，公张之”。原来，棠那个地方，靠近江河入海处，水产丰富，鱼大且肥，鲁隐公不顾车马劳顿，远道而来，本意却是为了张大网、捕大鱼。这样看来，鲁隐公的舍近求远而“观鱼”，并非出于“与民同乐”之美意，鲁隐公心中所藏，实乃贪求之欲，与民争利。唯其贪，故不辞辛苦，远道“观鱼”也。对这件事，《春秋谷梁传》也有一番解释，“礼，尊不亲小事，卑不尸大功。鱼，卑者之事也，公观之，非正也”。虽与《春秋公羊传》有不同的解释，但就鲁隐公“观鱼”而言，认为其“不正”，却是一致的。

“非礼勿视”。在汉语思想中，“观”并非小事。“五色令人目盲”，花团锦簇，姹紫嫣红，令人目不暇接，心醉神迷；可“观”亦有道，行不由径，必致“目盲”。为人为君者，可不慎乎?

何谓“观”？《周易·观卦·彖辞》曰：“大观在上，顺而巽，中正以观天下，观。”又言：“观天之神道，而四时不忒。圣人以神道设教，而天下服矣。”所谓“观”，即是上观天道，下化天下。《周易·贲卦·彖辞》对此有更为明确的解释：“刚柔交错，天文也。文明以止，人文也。观乎天文，以察时变；观乎人文，以化成天下。”由此可见，汉语思想之所言“观”，实乃“洋洋大观”。其“大”在“仰观天文，俯察地理”；其“化”在“法天象地”“观民设教”。《左传·襄公二十九年》记载了这样一段史实，吴公子季札出访鲁国，请求观赏周室乐舞。乐工为之歌《周南》《召南》，季札听后发言：“美哉！始基之矣，犹未也，然勤而不怨矣。”为之歌《邶》《鄘》《卫》，季札感叹：“美哉，渊乎！忧而不困者也。吾闻卫康叔、武公之德如是，是其《卫风》乎？”为之歌《王》，季札赞叹道：“美哉！

思而不惧，其周之东乎！”为之歌《郑》，季札喟叹：“美哉！其细已甚，民弗堪也。是其先亡乎！” 观赏完周乐，鲁舞者又为季札表演舞蹈。见舞《象箾》《南籥》之后，季札如此评论：“美哉，犹有憾！”见舞《大武》之后，又曰：“美哉，周之盛也，其若此乎？”见舞《韶濩》之后，季札指出：“圣人之弘也，而犹有惭德，圣人之难也！”见舞《大夏》之后，又说：“美哉！勤而不德。非禹，其谁能修之！”见舞《韶箾》之后，季札大美其言曰：“德至矣哉！大矣，如天之无不帱也，如地之无不载也！虽甚盛德，其蔑以加于此矣。观止矣！若有他乐，吾不敢请已！”音乐的悠扬婉转，蕴含着无限江山、悠悠人事的光阴故事；“隔江犹唱后庭花”，“是其先亡乎”，季札其人亦神，他仿佛拥有一双“天耳”，余音绕梁之际，他感知的却是一粒虱子在华丽的国袍下咬噬出了一个暗口。更有甚者，他观乐，不仅能听出国之兴亡；观舞，还能道出德之修废进止。他被一个又一个雍容华贵的舞蹈所打动，在观《韶箾》之后，终于发出“观止矣”的美叹。止于何处？止于一也。一者何所指？《说文·一部》：“惟初太始，道立于一，造分天地，化成万物。”《庄子·天地》：“通于一而万事毕。”观之为义，始于文，终于道也。故孔颖达言，“‘观’者，王者道德之美而可观也，故谓之观”。

有“王者之观”，自然有小人之观。在《周易·观卦》之初爻，“童观”是也。童子又称童蒙。蒙而未明，懵懂难知，尚待教而化之，启而发之。故《象》曰：“初六童观，小人道也。”有小人之观，亦有妇人之观。在《周易·观卦》之六二爻，“窥观”是也。古之女性，不像今日之职业女性，出入内外、纵横四海，独立自主、养己养家，已然常态。她们“养在深闺人未识”，足不出户，三从四德，居家守内，相夫教子，是其本分。因此，古之女性大抵所见者狭，故识虑有限，所谓“窥观”是也。《象》曰：“窥观，女贞，亦可丑也。”《庄子·秋水》有言：“井蛙不可以语于海者，拘于虚也；夏虫不可以语于冰者，笃于时也；曲士不可以语于道者，束于教也。”此可谓“童观”“窥观”之绝好注文。

“谈笑皆鸿儒，往来无白丁。”那些自诩学富五车，埋首于故纸堆中，津津乐道于饾饤琐屑之事的考据小儒向来与有识之士无关。所谓“鸿儒”，必以识大体，言大道为其本分。“今尔出于崖涘，观于大海，乃知尔丑，尔将可与语大理矣。”千年以前，庄子的一片谆谆之言，含蓄了他对天下读书人的无限深情。千年以来，又有几多读书人体悟了庄子恢诡谲怪之言下面的那一副老婆心肠？读书必自识字起，汉字的起源原有一番神奇的光景。相传黄帝史官仓颉创造了汉字。东汉许慎《说文解字·序》说：“黄帝之史仓颉，见鸟兽蹄爪之迹，知今之可相别异也，构造书契。”《春秋元命苞》说他“生而能书，又受河图录书，于是穷天地之变，仰视奎星圜曲之势，俯察鱼文鸟羽，山川指掌，而创文字。”又据《平阳府志》记载：“上古仓颉为黄帝古史，生而四目有德，见灵龟负图，书丹甲青文，遂穷天地之变，仰视奎星圆曲之变，俯察龟文、鸟羽、山川，指掌而创文字，文字既成，天为雨粟，鬼为夜哭，龙为潜藏。”汉字与作为纯粹符号的拼音文字不同，如果说后者的表情达意是建立在主观的约定俗成之上，那么汉字则是“法天象地”的结果，点画之间，实有“消息”存焉，实有“天地”位焉。也许是因为这个缘故，天下读书人多少都有些“激扬文字，指点江山”的书生意气。

如果说因读书而澡雪精神、高尚其志，到光风霁月、悠悠人世中去，“行到水穷处，坐看云起时”，那么这番由文字而激发起的书生意气实与“天地精神相往来”。《庄子·知北游》记载了这样一则故事：

> 东郭子问于庄子曰：“所谓道，恶乎在？”
> 庄子曰：“无所不在。”
> 东郭子曰：“期而后可？”
> 庄子：“在蝼蚁。”
> 曰：“何其下邪？”
> 曰：“在稊稗。”
> 曰：“何其愈下邪？”
> 曰：“在瓦甓。”
> 曰：“何其愈甚邪？”
> 曰：“在屎溺。”

这一千古对话以“东郭子不应”而告终。它道出了自古圣贤皆寂寞的一段悠悠往事，也道出了天下众多读书人沉溺难返的“文字障”。自古及今，读书人之通病正在于迷于文字、困在书斋。东郭子的“不应”，可谓一针见血道出了所谓知识分子的“困境”与“虚妄”。他们以为字里有乾坤，常常就把自己当作了这乾坤的主人；他们以为坐拥书城，就真理在握，就可以挥斥方遒，指点江山。对这些自大的读书人，庄子在《逍遥游》中有如是辛辣的嘲讽："瞽者无以与乎文章之观，聋者无以与乎钟鼓之声。岂唯形骸有聋盲哉？夫知亦有之！"庄子之论敲骨吸髓，直指人心。如此切肤之叹，完全和佛家的"所知障"一说相应相契。圣人之言，醍醐灌顶，言犹在耳。"江畔何人初见月？江月何年初照人？"千载以降，"井蛙夏虫"，"不应"之流，不绝如缕，比比皆是。

作为读书人之一员的写作者，以文为生，是其存在的理由。探赜索隐、幽赞神明，则是其存在的根据。可惜的是，古往今来，缘文造句、缘句生情者，比比皆是，缘文问道者，寥若晨星。梁朝刘勰所著《文心雕龙》为中国古代文论的集大成之作。刘勰讲文章大义、文章作法开宗明义即是"原道"。如何"原道"，在西方文论的思辨体系中，自然首先得对"何为道"这一本源性的问题做一番形而上的抽象论证。可是，刘勰的"原道"生发出来的却是中华文论的自然神采："文之为德也大矣，与天地并生者何哉？夫玄黄色杂，方圆体分；日月叠璧，以垂丽天之象；山川焕绮，以铺理地之形。此盖道之文也。"道不离文，文不离道，文道合一，这即是中华文论的根本。不仅如此，刘勰还进一步指出，"人文之元，肇自太极，幽赞神明，《易》象惟先。庖犠画其始，仲尼翼其终，而《乾》、《坤》两位，独制《文言》。言之文也，天地之心哉！"包括文学创作在内的一切人文思想的根本，乃在于其所思所言实乃"天地之心"，能言"天地之心"，自然"枢始得其环中"，太极因此亦不言而中矣。言之所以成文，首要的事情即在于它必须肇始于"道之文"。"水性虚而沦漪结，木体实而花萼振"，刘勰心目中的文章典范即是如此。

汉语思想、汉语写作的神韵如同“日月光华，旦复旦兮”。“文质彬彬，然后君子。”立言写作其宗旨乃在于“文以载道”，此向来是中华审美思想的不刊之论。偏狭地视“文”为文采、辞藻，追求所谓“美文”“纯文学”，刘勰批评这类文章为“繁华损枝，膏腴害骨，无贵风轨，莫益劝戒”；东汉扬雄更有“雕虫小技，壮夫不为”之论。文字、文章、文教、文治、文化、文明，贯穿起了中华民族、中华历史生生不息的秘密，其一以贯之之道即在于“文”。“文”是一个写作者赖以安身立命的根本，“文”的存在方式决定了一个写作者首先是一个“观者”，而不是一个“作者”。今日众多写作的失败，根本的原因即在于“作者”如过江之鲫，纷纷扰扰；“观者”如空谷幽兰，幽幽渺渺。

如此来看，海男就是这浮世红尘中的一株幽兰。她在繁华中绽放，在寂寞中徜徉。她的皮肤敏感于春夏秋冬水温的变化，她的眼睛一再被世间的景色所吸引。最让海男心悸的是“是什么在背后”这一令人迷离的疑问。回到身边，回到我们周遭的物事，从一片花瓣、一枚落叶、一声叹息开始，海男的写作可谓始于惊艳，终于清寂。她有一双眩惑而深不可测的眼睛，她的每一个文字都浸润了往复于色空的灵息。今天，对我们来说，抗战八年，刚毅坚卓伫立于昆明的西南联大已无可挽回地成为一段往事，一种传奇，可海男竟然要去复活这历史的光色声影。长篇组诗《穿越西南联大的挽歌》是她成为云南师范大学特聘教授之后的第一部作品。这是一部感恩之作。当初西南联大礼聘只有小学文化程度的沈从文为师范学院国文系写作教授，“不拘一格降人才”，仿佛已然成为历史绝唱。今天的云南师范大学，其前身正是国立西南联合大学师范学院。2014 年 10 月，继引进著名诗人于坚之后，云师大又毅然引进了没有考上大学，拿的是鲁迅文学院和北师大研究生文凭的海男为文学院特聘教授，为她设立工作室，专事文学创作。于坚、海男加盟云师大，这和当初西南联大礼聘沈从文可谓隔世相应。我以为这是联大潜隐的文脉在今日云师大的轮回，联大的文学风旗正在嘉木成林、鸟鸣喈喈的云师大冉冉升起。海男感恩于云师大，“何以报知音？”对一个文人来说，唯文字可以不朽。因为每一个汉字实有神灵存焉。以出神入化的诗性语言，让历史的亡灵重现，为今日之我们重新进入联大历史的现场提供鲜活的文学经验，于是成为海男的创作使命之所在。

在我印象中，西南联大的荣光，学界已有不少的论述和研究；文学领域，已有一些作品涉及西南联大的历史；但以抒情史诗的形式完整地表现西南联大可歌可泣的岁月，海男《穿越西南联大挽歌》应该是第一部。

永恒的西南联大之梦
像一团云，就在我眼前变幻
因为你就是原野、山川、巨流
你就是我年华中的繁花又凋零又再生
你就是在春夏和秋冬中传来的一场又一场朗读
你就是云端上飞的天鹅，森林中变幻无穷的孔雀

她是一个观者。在诗中海男“抬头观祖国的一幕幕风云巨变”，透过联大的各种“面相”，艺术地把握住了历史深处的“自在”。两千五百多年以前，孔夫子在川流不息的岸边，曾发出“逝

者如斯”的观感。而今，海男以诗人的身姿穿越西南联大弦歌不辍的岁月，她不仅以栩栩如生的笔墨复活了联大的“洋洋大观”，而且与那片“看不见的风景”灵犀相通，一往情深。

茫茫世景中的风雅颂诗（序二）

王　新

海男是个耽溺的诗人，耽溺于一脉情愫，耽溺于几星回忆，耽溺于数痕梦影；所以她的情感的泉澜，常常推荡着语言，顺着耽溺的藤蔓，蔓延、缠葛、铺张，网织出迷离灵烁的“巫性之美”。然而，在我，我深赏其单纯之美，看看《看纳帕海，看晶莹之微澜》：

纳帕海在迪庆，在几个峡谷之间
被牦牛、草甸、奇异的雪峰所拥抱
坐在纳帕海看水，看晶莹之微澜
看我的眼泪怎样从面颊滚落再滚落
沿纳帕海水岸走，会遇上沿途的黑颈鹤
遇上黑颈鹤在水边的漫步
遇上黑颈鹤扑入纳帕海的游姿
遇上黑颈鹤满怀喜悦地与水中微澜的游戏

纳帕海之外，是被鹤唳所歌咏中的物事
直抵蓝色地平线的青稞架，在春秋之间
变成了金色的一幅帛锦。而在春秋之下
也正是纳帕海以微澜显形露相的时刻

看纳帕海，看一只黑颈鹤飞远又飞近
看微澜，于是，偶然降临，凌晨在黑夜之后已降临
风神降临，冰雪就降临

这首诗何其单纯，写纳帕海的微澜，写黑颈鹤及青稞架，平叙，白描，清素浅浅，即或有些用词，稍嫌坚硬，但毫不损伤其盎然诗性。

在这里，我想讨论一下诗性，抛开诗歌形式上的意象锤炼、结构凝练与内在韵律生发流转，从内容上看，我以为，一首好诗的诗性，应该体现在两个方面：其一，对物事细节鲜活地直观；其二，对浑茫远境不经意地眺望。海男的这首诗，正富润此两点：与黑颈鹤游戏的纳帕海的晶莹的微澜，烂若金帛的青稞架，飞远又飞近的黑颈鹤，皆鲜活楚楚，摇曳曲折；而“看纳帕海，看一只黑颈鹤飞远又飞近／看微澜，于是，偶然降临，凌晨在黑夜之后已降临／风神降临，冰雪就降临”，是诗人不经意的一瞟，毫不着力，轻松接通了关于命运、关于神秘的浑茫远境。再想想孟浩然的《春晓》：“春眠不觉晓，处处闻啼鸟。夜来风雨声，花落知多少。”昨夜风雨落花的鲜活浏亮；风雨落花背后、天人感通的浑茫远境，水乳浑融地呈现在明净的诗境里，亦可验证此诗学原理。

从这个意义上，我认为古今中外的教育，本质上皆深富诗性。在这里，要言明，我不是谈论“诗教”，而是倒过来，要阐发与言明教育的诗性。

教育的诗性

雅斯贝尔斯指出，“所谓教育，不过是人对人的主体间的灵肉交流活动（尤其是老一代对年轻一代），包括知识内容的传授、生命内涵的领悟、意志行为的规范，并通过文化传递功能，将文化遗产交给年轻一代，使他们自由地生成，并启迪其自由天性”。换句话说，教育即是以人类文明的知性智慧、德性智慧与诗性智慧，启明、点化与引领受教育者的天性，使其在自己的根上，开自己的花，结自己的果。而所有人的天性，有发扬的一面，故而需要启明；也有沉沦的一面，所以需要引领。

纵览古今中外的古典教育、现代教育，要实现对教育者天性的启明与引领，使其自我生成，一般来说，皆须双管齐下：其一对日常细节熏习与浸润；其二对浑茫远境兴发与振拔。前者指向日常细节的生动意象，落实而安稳；后者指向超越庸常的浑茫远境，关联道（中国）或神（西方），超逸而辽阔。两者应处在相辅相成的张力分寸中。从教育的内容而言，知性智慧、德性智慧与诗性智慧，三者都各自包含着实现这两途的质素。至此，教育的诗性本质，就十分清晰了。

我们不妨再引用一下中国教育史上最浸润诗性的一个案例，《论语·公西华侍坐》载，暮春的一天，孔子问及弟子们的志向，诸多弟子都有澄清天下的抱负，独有曾点，不紧不慢，说他乐于在这草长莺飞的春光里，来一次春游，“暮春者，春服既成，冠者五六人，童子六七人，浴乎沂，风乎舞雩，咏而归”。孔子立时颔首嘉许，“吾与点也”。这个绝佳的案例，教育的诗性本质，得以鲜活呈现：既落实于春光春色气韵生动的意象，又指向参赞天地大化的辽阔远境，所以一向一本正经的朱熹，都对此念念不忘，“曾点见得事事物物上皆是天理流行。良辰美景，与几个好朋友行乐。他看那几个说的功名事业，都不是了。他看见日用之间，莫非天理，在在处处，莫非可乐。……且看暮春时物态舒畅如此，曾点情思又如此，便是各遂其性处……曾点气象，固是从容洒落”。

更值得指出的是，1167 年，朱熹与张栻在湖南岳麓书院会讲时，“忆昔秋风里，寻盟湘水旁”，曾兴致勃勃地为岳麓书院的多处风景园林景观重新命名，其中就有“咏归桥”。美国学者就此研究，得出结论：岳麓书院的风景园林景观，精微地担荷着宋代理学家格物致知、正心诚意的教育功能。一鉴方塘、半川暖风、一弯小桥的教育，无疑正是中国教育的诗性灵魂。

至于主要以悲剧与史诗净化、升华人性的西方古典教育，其诗性本质，可不赘述。

西南联大教育的温润诗性

西南联大，作为中国教育史上惊采绝艳的篇章，其成功处，除了冯友兰在纪念碑词中所归纳的“联合大学以其兼容并包之精神，转移社会一时之风气，内树学术自由之规模，外来民主堡垒之称号，违千夫之诺诺，作一士之谔谔”之外，我以为，最重要的是，其最淋漓尽致地回归与发扬了教育的诗性本质。

诗性是创造力之源。

西南联大自北平而长沙，自长沙而昆明，自昆明而蒙自而昆明而缅印，堪称教育史上的万里长征；这群“在路上”的知识分子，在中国知识人史上，是空前绝后的一群，他们逃难、学习、调研、救国，灾荒离乱，国恨家仇，柴米油盐，他们是最接地气的一群；他们远远地走出了书斋，走出了风黄的高头典章，最真实、最结实、最平实地亲近、体贴与摩挲了中国日常生活的一切细节；他们把自己的知识、思想和信仰，深深扎根于这厚实的中国日常生活细节中，由此获得了郁郁葱葱的创造力。西南联大师之众，人才之盛，成果之硕，举世共瞩。举另一反例，有统计表明，西南联大经济学系教师，多数留洋，在全校，西学实力最雄厚，但原创性学术成果最少，根本在于，照搬西学理论，不与地方性经验、传统融合转化，乏地气。

另外，西南联大的师生于日常生活中，长思兴发与振拔，捐躯赴国难，烽火传文脉，风雨存道统，以及所有知识内部自身的引领与升华力量，都为他们打开了知、情、意上的浑茫远境，所以他们的教育生活涌流出勃郁的诗性。有钱穆先生笔记为证：其时，他正蛰伏在宜良乡下一隅，写《国史大纲》，他在笔记中，如是描述自己的居处，“院子有一白兰花树，极高大，春节花开清香四溢。道士采摘去赴火车站，有人贩卖去昆明。张妈以瓶插花置余书桌上，其味浓郁。楼下阶前流泉，围砌两小潭蓄之。潭径皆两尺许，清泉映白瓷，莹洁可爱，张妈以中晚两餐蔬菜浸其中，临时取用，味更鲜美……”如此文字，自有韩柳气格，但更富生活滋味，然诗意襟度，诗性意境，随手剪裁皆是诗。

当然，对西南联大教育温润诗性的表现与总结，汪曾祺先生最是只眼独具，看看他笔下的晚翠园曲会吧：腴润婉丽，百转千回。读读他在文章结尾，揭示的真谛吧：“参加同期曲会的，多半生活清贫，然而在百物飞腾，人心浮躁之际，他们还能平平静静做学问，并能在高吟浅唱、曲声笛韵中自得其乐，对复兴民族大业不失信心，不颓唐，不沮丧，他们是浊世中的清流，旋涡中的砥柱。他们中不少人对文化、科学做出了很大的成绩，安贫乐道，恬淡冲和，是中国的知识分子优良的传统。”

为风雅赋诗

八载笳吹弦诵，风雅未辍，西南联大蓄积了丰盈充沛的诗意，只等待那么一个人，一首诗。这个人终于出现，她带着榴花摇曳的炽热与忧郁，敏感与魅惑，带着一首风雅颂诗，她就是海男。海男的《穿越西南联大挽歌》，是第一首真正为教育所赋的长诗。

诗人深契教育诗性的两端入思，一方面，她穿越历史的烟云，化身为诗中身穿蓝花布裙、圆口布鞋的女学生，舒活身心，开放感官，尽量经验与铺陈诸多西南联大的日常生活细节：装着书卷的褐色皮箱、奔逃中呼啸而来的子弹、校舍土墙上的胚芽、空中的警报、浦江清的家书、梁思成的居所……这些弥漫着乱世边城昆明生活气息的细节，为诗性地潋滟流淌，为西南联大教育史诗地纵横舒卷，牢固奠基。另一方面，如诗中所言：

我身体中所接受的教育告诉我说
在这茫茫的世景中
唯有从低处到高处
再从高处到低处的人生境遇
值得我们去倾力相爱

诗人一直在倾力追寻“从低处向高处”的振翅飞翔，所以她写到，“在触须下，那些悄无声息的精灵之魂 / 正牵我，勇敢地去飞扑 / 啊，苍蝇和蝴蝶的飞行，哪一种飞行更美更辽阔”，所以她还说，“我身体中所接受的教育告诉我说 / 生命是值得瞩目的 / 它也许是波澜和荒草相互缠葛之心 / 然而，它至始至终有一个飞的理由”。为了书写与复活西南联大高蹈的教育远境，诗人从多如沙粒与多如树叶的日常庸常细节中，振拔而出，自然生发了多次遥望星空的意境，设置了参军慷慨赴国难的情节，甚或卒章处，燃烧了闻一多先生民主涅槃的一团火焰。

应该说，这是一首体现海男雄心与抱负的诗篇；我们熟知海男惯常个人主义色彩浓郁、梦呓式的诗歌风格，但从长诗《中国远征军第一次出缅记》《古滇国书》开始，我们可以发现，海男诗思的触角开始越出自身的梦影，向更辽阔、更深邃、更芜杂的公共历史事件、事境，蔓延，缠绵，裹卷；而且她有天分把坚硬而辽阔的公共人事，自然转化为属我的绮丽迷柔巫魅幢幢的“海男式”诗境，这在前两首长诗中，皆有出色表现。

这一次，海男向更辽阔的西南联大教育史境进发。也许是由于教育与文化的障壁，也许是诗人出于对学术与大师的敬畏，这一次，诗人似乎未能耸身摇落，妖娆舒展，所以诗中一端对日常细节观照，似可更为曲折、细腻与摇曳，诗味会更浓；另一端，对教育与文明远境眺望，尤其是对诸多学术大师背后牵连的千古文心、文脉与文道，亦可更透入一层，以接通更为宏大浑茫的文明远境。当然，向这样宏大远境的腾越，最有力的方式，是通过锤炼精粹的骨架结构实现，一般而言，这是史诗的使命了。

尽管如此，《挽歌》仍然是一首茫茫世景中为风雅而歌的瑰丽颂诗。

contents

目　录

第一章 南渡之前夜和出发

何谓南渡，就是“稽之往史，我民族若不能立足于中原，偏安江表，称曰南渡”。何谓南渡，就是冒着第二次世界大战中战乱的炮火，为了保存教育之梦想的星星火炬，在风雨摇晃中探索并践行伟大而艰辛的真理。

1. 黑漆漆的乱世

黑漆漆的乱世，不只是马蹄声穿过了耳鼓
也不只是民声淹没在血海和风雷中
这里是 1937 年的背景，是侵略者们从北而来
是另一个帝国的侵略，是第二次世界大战揭开序幕后的
亲爱的祖国的沦陷。何谓沦陷：当这个词
如风雨飘来时，我们的栖身处在倾斜
东方的大门在倾斜，伟大的宫殿在倾斜
何谓沦陷，它是巨浪置入泥沙后的迷惘
它是岩石从高天滚落，是五千年东方帝国的传说
它是卢沟桥炮火后的黑烟弥漫
是人们午夜梦魇的惊叫，是惊雷过后的颤栗
何谓沦陷，它是千万亩沃土水渠的改道
是巨大的人生之旅遇上了妖魔所阻
在二十世纪的沦陷史上，我的祖国
沦陷于卢沟桥上的炮火……

那一阵阵黑焰弥漫的炮火揭开了又一沦陷史的序幕
而当序幕拉开时，那一年，我们未出世
也许在我们的前世，我们已是那炮火中
在人群中奔逃的个体……我相信轮回
现在的我将回到我们的轮回中去
在我的前世，我是在战乱炮火中的一个女生
我是被 1937 年卢沟桥战乱炮火从梦中惊醒的
一个青春的符号。而此刻
我将带着这个符号轮回到第二次世界大战的前夜

2. 一个人和一群人的序幕

前夜，是一个人和一群人的序幕
是我的青春所历经的战乱之初始
曾经，我手里拉着一只褐色皮箱从南方来到了
帝国之城，成了北大的一名学生
在那个春天，我穿着蓝色的布裙
曾穿行在帝国小巷深处密织如绸的燕语中
帝国之都浑厚深远，却已历经了无数战乱的洗礼
那一年，炮火之下的帝都
那青灰色的容颜，因惊恐而疲惫

因稠密的战事而迷失方向
那一年，我穿着蓝花裙在彷徨
眼底下是帝国之城的浮云和残阳在弥漫
炮火正向帝国之都前移
每移动一寸，山河就破碎一寸
那一年，我年仅 18 岁
我的学历刚刚开始在北大文学院扎根
然而，这不可靠的根须突然被一阵暴雨摧残
我惊恐地抬头，倾听到了北大校园的铃声

3. 铃声催促我们奔出女声宿舍

铃声催促我们奔出女声宿舍
曾经，我们是花样的年华
我们的蓝花裙像早春三月的春光扑面而来
而此刻，那催我们出发的铃声在召唤
这一年炮火中有我们青春的忐忑和焦虑
铃声下，是关于南渡的召唤
南渡？何谓南渡，这是一个关键词
是一个来自现实的问题。南渡
当然是渡我们的年华，渡教育之梦

渡理想主义的时光。南渡
是一艘巨船，将我们在风雨摇晃中
渡向南方的彼岸。就这样，在南渡的前夜
我年仅 18，将长到半腰的黑发梳成辫
将几十本书精心捆扎装进皮箱
将两套蓝裙装进皮箱
所谓青春，对于我来说就是一只箱子
所谓青春，就是一只随我身体在战乱中
南渡的一只褐色皮箱。在梦醒以后
我们的南渡之梦开始于北大、清华、南开的校园

4. 南渡的队伍

南渡，在南渡的队伍中有我们校长
有我们的教授。在人群中，我看见了沈从文
在人群中我看见了杨振声、梅贻琦
在人群中我看见了叶公超、周培源、朱光潜
在人群中我看见了钱瑞升、张奚若、梁宗岱
在人群中我看见了冯友兰、吴有训
在人群中我看见了沈履、陈福田、潘光旦、赵世昌
在人群中我看见了陈寅恪刚刚失去父亲后

悲郁满怀的面孔。南渡已拉开序幕
噢，无论炮火多么猛烈，我们已开始了
南渡的传说，从那一天开始
在前景迷茫的战乱中，我们开始了南渡之夜的流亡

5. 我手拎一只箱子

我手拎一只箱子，我和我的青春
向着南渡的远方迁徙。脚穿布鞋
我和我最美的青春向着沼泽、河流、海洋
向着前景未卜的风雨之码头和陆地之村舍
向着清冷的星宿浩瀚辽远的宇宙
向着南来飞燕的独立与自由的精神
向着人文教育史上空前绝后的传奇生涯南迁

6. 南渡中出现了雪白的天鹅

南渡中出现了雪白的天鹅
在战火硝烟中向着云空飞翔不息
仿佛在引领青春那迷茫的心绪
啊，战争，战争，有子弹在云空中穿梭落下
万物在败絮中呈现出枯萎之生态
南渡中出现了逃亡的人群
他们携儿带女沿着荒凉的地平线在奔逃
我听见了凄迷的尖叫，惊恐不安的挣扎之声
我看见了兵荒马乱的饥饿图像
那些逃难者手中举着空空的饭碗
老人们在逃难中跌倒再无法爬起来
年轻人举目回首间的迷茫
妇女们穿着褴褛的花袄牵着男人的手在奔逃

7. 长沙就在眼前

长沙就在眼前，揭开的另一幕就在眼前

南渡中出现的校园就在眼前
我低下头，看见了美丽的湘江
江水浸湿了眼帘，江岸的潮汐漫过了足踝
我将箱子从右手换到左手
注目着战乱中出现在眼前的校舍
教育的理想生活终于在此上岸
啊，南渡，南渡，艰难岁月中的南渡
我们的青春在此上岸

8. 在湘江之岸

湘江之岸的 1937 年 10 月 25 日
这一天，我们迎来了长沙临时大学开学日
全校有文、理、工、法商四个学院十七个系
教师 148 人（原北大 55 人，清华 73 人，南开 20 人）
职员 108 人，学生 1452 人（包括借读生以及招收的大一新生）
校本部和理、工、法三学院都设在长沙韭菜园圣经学校
文学院设于南岳圣经学校分校

9. 啊，警报

啊，警报，警报，11 月 1 日上午九点钟
我们已在教室，长沙上空突然响起了警报
啊，警报，警报，警报……
一声声划破天际的警报告诉我们
战事就在眼前，我们的青春面临着
在一幕又一幕战事中历练成钢
啊，警报，警报，警报……
在警报声声中，我们将目光投入世界
在祖国历经的战事中，我们的青春录中
充满了一阵又一阵的警报
这些数之不尽的警钟长鸣声告诉我们了
战争已来临，世界已无避难所

10. 临时大学

在南岳衡山脚下的临时大学文学院
我在阵阵的警报声中嗅到了秋野芳菲的味道

我抬头便看到了穿越战事硝烟的
我所仰慕的学者教授，他们穿着布衣西装
投入了临时大学的聚集地
我牢记了他们的名字：从朱自清、闻一多、叶公超
冯友兰，到钱穆、金岳霖、汤用彤、陈梦家、吴宓
柳无忌，还有英国诗人兼诗歌理论家威廉·燕卜荪等
除此外，还有我们文学院的同学
穆旦、王佐良、许国璋、赵瑞蕻等

11. 在满天的露水和皓月下读书

虽然警报声一阵阵地在长沙上空轰鸣
我们仍然在潜心读书。战事在外
在一道道的高山江流阻隔之中
我们在“风雨如晦，鸡鸣不已”的南岳街山脚下的
文学院朗读书文。满天的露水和皓月
照耀着我们……在这些战火升起的幕帐之下
也正是冯友兰写作《心理学》
汤用彤写作《中国佛教史》
闻一多修订《诗经》和《楚辞》的时间……
一代精英大师们承担着中华文化之重任

秉烛中探索着天之道的真谛
我们视眸下的精英大师们在战事升起的祖国
依然践行着人文之理想的前景

12. 长沙已陷入战火的包围中

啊，长沙已陷入战火的包围中
我们需要继续南渡
何谓南渡？这是穿越历史的拷问
我们的青春面临着汇入南渡的潮流中去
我们又拎起了手中的那一只只皮箱
许多年以后，我们的后人
在冯友兰撰文的西南联大纪念碑上读到了
南渡的真理：“南渡之人，未有能北返者：
晋人南渡，其例一也；宋人南渡，其例二也
明人南渡，其例三也；‘风景不殊’
晋人之深悲；‘还我河山’宋人之虚愿
吾人为第四次之南渡，乃能于不十年间
收恢复之全功。庾信不哀江南
杜甫喜收蓟北。此其可纪念者四也。”

第二章　南渡而向昆明

万里长征，辞却了五朝宫阙，暂驻足衡山湘水，又成离别。

1. 啊，箱子

啊，箱子，我和我的学友们
手拎着一只只南渡而下的箱子
我们将再次南渡，在那个风雨交替的时刻
我们从晦暗朦胧的时刻出发了
啊，铁木箱、皮箱、柳条箱
啊，布衣、长衫、圆口黑布鞋
我和我的学友们头顶着警报声声的湘江水波涛
这是南渡梦，我们的箱子忽儿撞上浪涛
那是在江水岸，那是无数惊涛的催心曲
那是催促我们远足的绝律，当我疏理好了
惊恐不定的思绪，我已随同潮流而南下
在南下的三条线路里，我选择了
湘黔滇旅行团。这是第三条线路
在第一条线里，将由长沙进入粤汉线
那是一条水路，由广州之水浪线铺展到香港、海防

再乘枕木上的滇越铁路小火车抵昆
第二条线路中有我们的大师们
他们是冯友兰、陈岱孙、朱自清、钱穆、郑昕等
他们将途经桂林、柳州、南宁，将逾镇南关
他们将用水陆路抵越南后再改乘
滇越铁路小火车而抵昆明……
线路无非是海上陆地村舍或与无数群山细流相遇
在三条线路之下，我们来不及质疑
那些擦上耳垂的流弹片带来了战事的烟尘
而我们则是这一幕一幕烟尘之下的青春
我在第三条路线中拎起了箱子

2. 到如今那些战事青春曲已因遗梦而遥远

到如今那些战事青春曲已因遗梦遥远
而沉寂于泛黄的史幕之下，尽管年衰而步履缓慢
我仍然撑着拐杖，一次次回到那初始之章
在那江水翻滚的历史序幕中，我们开始出发了
我又一次以青春的名义开始将吹乱的头发理在额后
我的额光洁，映在湘江的水面上
那是 1938 年 2 月 20 日，那是飞抵早春的节令

环顾四野，荒凉的沃土间

呈现而出的是流离失所之图像

是灰白色的苍生之逃亡。我看见那一只只

惊慌失措的水牛、鸡禽、羊群也在逃亡

我看见云在苍生以上滚滚不定的时序中也在逃亡

而我们的青春史也在拎着箱子以集体主义的名义

开始了南渡之逃亡……这是我的个人简史

相融二十世纪第二次世界大战的历史

到如今，在我已度过人生中的万顷沧桑事

仿佛仍能用拐杖触摸到南渡而下的逸事

3. 逸事中我们开始整装出发

逸事中我们开始整装出发

啊，那是一套套土黄色的戎装

那是硝烟弥漫中将士的戎装

当我们穿上戎装后，又开始了裹绑腿

当我们以崭新的面貌出现时

我们以青春的名义开始了远征

除了逃亡之外，这是历史上

一次关于教育人文精神的远征之历史

历史，在那个早晨开始了出发
这是人类教育史上的一个传说和一桩大事件
这是伟大而悲壮远征的开始
我们的眼眶中饱含着热泪
在我们的旅行团中有闻一多、许骏斋
李嘉言、李继侗、袁复礼、王钟山、曾昭抡、
毛应斗、郭海峰、黄钰生、吴征镒共 11 人
远征开始了，除了土红色戎装、绑腿
还有像肠子一样的干粮袋、绿色水壶
还有黑棉大衣，古老的黑布雨伞
还有眺望苍茫地理的比邻接踵的山峦大地之腹部

4. 头顶着黎明前夕的雾水茫茫

头顶着黎明前夕的雾水茫茫
远征开始了，我用我的青春跨出了第一步
这一步以后就是第二、第三步，或十步或一千步
或五里之后的十里长亭之路途远境
我们身穿戎装，向着遭遇蒙难的祖国南迁
向着三千多公里的祖国徒步南迁
我的身上悬挂着米袋

它确实像我们身体内部的肠子
在柔肠中我们将穿越无数版图
祖国的版图啊，哪怕是在战火弥漫下
仍呈现出来了一片片的冬麦
那些寒冷压不住的青麦波动着
仿佛我们的命运荡漾着悲郁的色泽
当我的身体穿越在这万顷的麦浪深处时
又仿佛倾听到了战乱无法扑灭的召唤
无论怎样苍茫的视觉，都无法让我止步
在触须下，那些悄无声息的精灵之魂
正牵我，勇敢地去飞扑
啊，苍蝇和蝴蝶的飞行，哪一种飞行更美更辽阔

5. 奔赴一座村舍或小镇

奔赴一座村舍或小镇，是我们远征途中
最为幸福的一幕：我们的力量透过高空的距离
透过那脚底下黝黑色与黄昏相交的时刻
透过急促的喘息，苍白的没有色系的嘴唇
透过大山包里一个牧羊人和群羊蜷曲的姿态
透过一匹匹战马突然在眼前腾起的风云变幻

透过压不住的硝烟弥漫的前方战事
透过经过我身边的一只白鹤的呻吟直上云霄图
透过我指尖数落中的朝晖与暮色的时光
透过饥饿和身体的乏力抬起头来看见的远方
远方缓慢地从暮色中移近眼帘的河流
每每看见河床上的青苔就忍不住弯下腰
蹲在河边喝水。每每抬头看见树枝掠过的炊烟
就加快了脚步……啊，尽管在我们慌乱的脚步下
有乱草，有战事的黑色宣告书。然而，炊烟
会将我们引入一座村落。直到如今
我们这个星球上仍将保留着远离高速公路的
一座座美丽之村落。直到如今，水牛们
仍在沃土中低头耕耘，农夫仍在弯腰耙土摘豆
直到如今，在边隅之乡壤，天与地相互拥抱
是为了风调雨顺或让生命之灵永存于日月山河
直到如今，在这一片又一片生死轮回的卷宗中
我仍能寻找到来自 1938 年 2 月的远征之旅

6. 终于抵达了一座乡村

落日下的我们，终于抵达了一座乡村

经于抵达了农事中一把把铧犁耕地的原乡
我们奔跑在落日暮景中，我们奔跑着
向着西南边疆，向着远离战乱之地的西南之角
在踉跄中倒下又爬起来，步行中的三千公里
尽可以用脚丈量一把把古老的铧犁下
激荡的中华之史卷，在一把把从古至今绵延于
脚下沟渠的犁锄中，我的祖国正饱受着巨创
而在 1937 年的严酷之境中，我们通过一把把
静卧在泥土中的铧犁从而寻找到了
进入乡村的路。路，是人走出来的
在落日余晖中出现的路，是村人走出来的
也是神仙走出来的。我没有见过神仙
然而，在南渡而下的日子里
只要我仰头，总是能在灰白色的云壤中
触摸到神仙的一只只绿袖子。啊，神仙在天上
也在地下，神仙就在我们南渡而下的人群中
陪同我迁徙或历练。而此刻
神仙就住在被池塘竹林所依傍的村庄里

7. 尽管从城市到丛林

尽管从城市到丛林，到海洋或陆地
战乱像魔鬼般穿梭着，我们仍然在抵达
一座村落时，感知到自有中华之炎帝就创造的
农耕术的原址。当我们从逃亡中进入村口
一个农人，带着他祖先的沉土
将我们引向他们祖先的土坯屋
那一缕缕金色的斑阳，洒在墙壁上
彻头彻尾的土坯屋，让我们重回先祖的摇篮
重回有厩栏和仓库的村落
坐在屋檐外，村人为我们烧好了洗脚水
终于，我们脱下鞋子，解开绑腿
在忽儿钻进云层忽儿又游离出云层的星月下
我们开始用村人的针挑脚掌上的水泡
我们咬住牙，挑开了一个个水泡
啊，青春期的历练，就从挑水泡开始
啊，历练就从脚掌上的一阵阵细微的疼痛开始
我们将针插入水泡再挑开
我们挑开了血泡，仿佛挑开了祖国的创痛
这创痛让我们疼痛，也让我们在成长中
滋生勇猛。那一夜，面对垂照在草垛上的星宿
万千思绪使我们无眠……

8. 从一座乡村再跨入一条河流

从一座乡村再跨入一条河流
中间会遇到急流险滩，此刻，我们扭成一绳
跃过了险境。我们也会遇到战马呼啸而来
而此刻，当我度过了无数春花秋月
面对着窗外的雨。我写道：下雨了
东方的雨，说来就来
就像久违的战马，在梦境中
途经我们的故土。晾衣架湿了，沉土变褐色
这忧郁的冬雨，拂过面颊
使逝者去得更远，让呼吸者面临着
更严酷的磨砺。我喜欢这一场来自
东方破晓后的雨，来自一匹古代战马破开的露水
那一年，我年仅 18 岁，同我的青春族正南渡
每每遇到一匹匹战马奔驰而来
那些被强劲马蹄声所激起的灰
告诉我说，我的祖国已沦陷
我们亲爱的国土已沦陷……
视眸下，是昼夜扑面而来的黑暗
是伸手不见五指的黑暗，是南方逃亡的路上
一个年轻母亲怀抱婴儿奔逃的黑暗
是一匹马被战火侵袭后失去光明后奔逃不息的黑暗

在这茫无边际的黑暗中，我们南迁的旅行团
在呼啸的寒风中向南而下
人群中，我又看到了教授精英们的脸
在一座村庄的黑暗中，我又看见了闻一多先生
他手提一盏马灯，那是在湘黔滇的一座座小村庄
每到看不到星辰的夜晚
我总是会与闻一多先生手中的那盏马灯相遇

9. 日月破开了一寸寸的距离

日月破开了一寸寸的距离，破开了
脚下的沟渠河流之阻隔，破开了
群山之辽阔无涯的屏障，破开了
热血奔涌的三千里徒步之旅，破开了
尘土下翻滚弥漫中的冷风暴的侵袭，破开了
沦陷国土线上流亡之徒的命运线

10. 在风雨和惊恐不安的奔亡中

在风雨和惊恐不安的奔亡中
我看见了国学大师陈寅恪携带着妻儿在逃亡
他刚刚失去了父亲，并在混乱的京城为父举办丧事
之后，他就牵住了妻儿们的手
带着他满腔的郁愤，带着他因无限的劳顿
而滑落的视网膜。除此外，还携带着他部分书籍
携带着他对于人世间的无限探索
携带着对于历史长河之书卷的黑暗之拷问
携带着对语言和祖国的古典文学之瑰丽的热爱
在那一年的逃亡途中，我看见了我们的大师
头顶着漫天黑暗，我看见了他头发上的黑
两鬓以上的黑，从北京到湘江之路的黑暗
翻滚着破碎的巨浪，大师携妻女及佣人王妈
搭汽车到天津码头，乘英国邮轮
乘着黑暗的浪花往青岛港驰去
黑继续着在无尽的长夜中穿梭不息
从青岛再长沙，乘着乌黑的慢火车
火车的慢，就像蜗牛在兵荒马乱中呼哧呼哧
前移中飞扑着少许的火焰之舌
抵长沙后像扑空的格局。一个缺少稳定的时代
一旦面临着战乱，只会加剧人在命运中的

离殇之奔逃。黑暗中一个又一个消息
从浮游中落下。我们的大师将再一次扶正眼眶中的
黑暗。这黑暗将使他的视线越来越黑
从长沙到广西再到梧州再择轮船漂向香港
这昏天黑地的波浪之黑，没有尽头
仿佛才是开始揭开之黑幕。从长沙再到广西到梧州
再到水路抵香港，黑暗继续着
黑暗继续着穿越整个逃亡之旅
继续着择水路抵越南，再择火车
那是扶裹在雾雨和原始丛林中的小火车
随同一阵阵的哐当声，小火车载着
青山绿水，同时也载着车厢中的大师
奔向红河之岸，奔向碧色寨，奔向蒙自

11. 我们的旅行也是一次社会调查

我们的旅行也是一次社会调查
每每途经湘黔滇的村落或小镇
我们的教授和学子们就开始了
将目光垂向贫瘠的河山和村寨
我们寻访着国土中被人类所遗忘的众灵之呻吟

悲悯着芸芸众生的苦难和疼痛
在这条长旅上，我不仅看见了闻一多先生
也同时看见了年轻的诗人穆旦
同时也看见了任继愈……
眺望漫长之逃亡之路，闻一多先生在黑暗中
手执着一盏马灯，在那微弱的光束照耀下
是一个人成就民主斗士的前渊源
是青瓦土坯屋的一座座村落潜在的黑暗
给予了闻一多先生探索真理的勇气
年轻的诗人穆旦初次出现在我们面前
他的眼睛尽管迷茫，却充斥着诗歌的光芒和忧伤
我看见年轻的诗人穆旦，他是清华外语系学生
他坐在一座村口倾听着风声远逝
在辗转不尽的风雷中，我听见他用苍茫的嘴唇
歌吟着，那是年轻的诗人最早的诗歌
我听见了年轻诗人穆旦的诗句：
“澄碧的沅江滔滔的注进了祖国的心脏
浓密的桐树，马尾松，丰富的丘陵地带
欢呼着又沉默着，奔驰在江水两旁
千里迢遥，春风吹拂，流过了一个城脚
在桃李纷飞的城外，它摄一个影
黄昏，幽暗寒冷，一群站在海岛上的鲁滨孙
失去了一切，又把茫然的眼睛望着远方
……”诗人排列成诗句的悲悯之旋律
在祖国的山川大地穿行，啊，艰难的远征

培植着一个诗人的母语。我看见了无数的
时间絮语后，逃亡路使我们越过了黑暗的距离

12. 从乡村到小镇再到县城

从乡村到小镇再到县城
这是又一个远方，意味着道路正一寸寸地
缩小。祖国的县境划分了更大的一些版图
我们正是沿着旅路向着县境线在奔走
入县城就看见了学校，它让我们兴奋不已
犹如万分疲惫之神经突生旋起的汪洋
学校并不大，却奔涌出鲜活的生命
从小学到中学，我们看见了一张张孩子和少年的脸
他们是我们在逃亡路上迎接我们的旭日
也是摇曳的向日葵。这一束束朴素的向日葵
生长在远离战乱和城市的乡壤
县城，通常出现在小镇的中间或者小镇的前方
相比小镇来说，县城显得人口更喧闹些
如果说乡村是农事之书的原乡
小镇是自然人生活的乌有之乡
那么县城则是中国行政版图中的一座座古老的城堡

当我们往城门口走去时，看见了货郎
再往前就看见了杂货铺，小贩们的地摊铺
再往前走就看见了前来迎接我们的人们
在人群中有学生，他们举着小红旗
红旗是红色的，是花色的那种红，也是血液的红
因为看见红色仿佛身体中血液之红
那神秘的红，牵引我不断向前
那些红色旗帜的红，在微风中飘扬

13. 继续南行时

继续南行时，我们遇到了土匪
那凶吉未昭示的时刻
那些蒙面人突然从灰烬覆盖的黄土路上扑面而来
尽管如此，在我们的老师携引下
我们还是巧妙地突围而下
啊，下面是一条条湍急的江流
下面是起来越辽阔的西南方向
下面是彩云之南的地平线
下面是越来越湛蓝的滇池之岸
我们以三千里的徒步终于止步于滇池岸边

这是一个值得狂欢的时辰
我们就像三千多年前的古滇国王带着他的将士
带着他疲惫的逃亡和呼啸的战马
同时也带着他们黑乎乎的盔甲抵达了古滇池岸
而我们的抵达，是在战乱中的教育之梦想的抵达
我们在清澈的滇池岸疲惫而欢欣地止步
1938 年 4 月，正值春城昆明最温柔的春天降临
虽然茶花已开过，我仍然能够嗅到空气中
残留在树上的花瓣的香味。我们止步于滇池
抬头可以眺望到西山顶上的葱茏
葱茏映衬下的昆明城，看上去似乎远离着战乱
是的，我嗅到了从滇池岸上一座古老城池中
弥漫而来的花香，那些属于四月的春天之花草
突然间铺天盖地地涌入我们眼眸下
我们唱着《遥遥长路到联合大学》：
“遥遥长路，到联合大学
遥遥长路，徒步
遥遥长路，到联合大学
不怕危险和辛苦
再见，岳麓山巅
再会，贵阳城
遥遥长路去罢三千余里
今天到了昆明”

第三章　国立西南联合大学

一座大学在大后方的昆明城诞生了。

1．昆明迎来了

昆明，以西南的滇池、西山
迎来了我们，我们从近日路走到圆通寺
街上有夹道而来欢迎的人们
如果不是这场远征之图，昆明离我们会有多远
远，是距离，相隔着千山万水
中间有数之不尽的群山之巅，万水之浪
远，是想象中的灵翼拍击天空时的咏叹
远是可以丈量征服的，也是可以平揽于胸怀的
因为远，而充满了征程，也因为远
我们脚底上的老茧越增越厚
而此刻，我们的脚，那一双双布满了三千里
风尘的脚，正踏实地走在昆明的街道上
风，四月昆明的风，温柔得像小鸟初飞到宇宙
航行的翅膀，在微风的轻拂下
我们的疲惫得到了休整，仿佛寻找到了祖国的

后花园。在这座后花园我们休整后
又乘上了小火车。小火车从昆明北站出发
这是一件令人喜悦的事情，我们跨上了
枕木的小火车厢，这个世界看上去远离战乱
远离着人间的妖魔鬼怪。我们坐在小火车上
隔着白纱镂空的窗帘，远眺着云空下的村村寨寨
每到一个小站，我们就下站呼吸大后方
干净的空气，并轻触从绿枝中飞来的云雀的尾翼
在大后方的云南神秘广袤的图卷上
我看到了挺立的云杉，原始森林中奔跑的野兽
啊，快乐的松鼠在车窗外的树枝上
自由地穿行，那活生生的、鲜活的生命
飞跃于眼前的自由，使我们刹那间
忘却了逃亡之痛和恐怖
让身心沉浸在这大自然的区境中
仿佛获得了洗礼。此刻，我们睁开晶莹的双眼……
等待着世界的变幻，等待着梦和现实的拥抱

2. 当我们乘着小火车的慢

当我们乘着小火车的慢

沿南盘江而下，越过南盘江岸上的
羊街、狗街、滴水、徐家渡、禄丰
西洱、山河口、盘溪、热水塘、西扯邑、拉里黑……
这些站名，已经离世界上那个称之为最遥远的
距离很近了。世界之最为遥远的距离
可以用两种方式穿越，第一种方式的距离
穿越中，人心是最为强劲的力量
它可以让我们随同意念抵达，啊，抵达
在心念的抵达中，我们可以凭借着
每个人灵魂中的速度，像高山羚羊
奔跑不息，也可以像闪电之瞬间之光
变幻出梦想之果。在第二种距离的
穿越中，我们秉承祖先之训德
以一步一脚印穿越着我们的年华
穿越着我们的年华逝水
穿越着古往今来的羊肠小道
当我们在那一年随同小火车的慢抵达了蒙自时
我们同时也抵达了著名的碧色寨的漫天红霞
同时也抵达了水天一色的南湖投下自己的身影
我们的生活将从这里开始，于是，我看见了
希腊人哥胪士开办的洋行，分批而抵运的教授们
就住在这里，这是一座二层楼的洋房
4 月 12 日至 20 日，从三条线路分批出发的学子们
已经相继抵达南湖边，湖边荡漾着热风
那是蒙自开始炎热起来的季节，很多人开怀畅饮着

法国人遗留下来的葡萄酒。隔着酒味
我似乎寻找到了远离战乱的避难所

3. 联大分校的蒙自宣布开学

5 月 4 日，联大分校的蒙自宣布开学
聆听着 12 公里之外碧色寨小火车的声音
我们将再次拥有学堂。我是女生中的一员
我们的女生宿舍是一座“听风楼”
一座三层小楼，从这里开始我们真正
拥有了一座避难所。在房居紧张的现状中
能拥有安寐之地，能装下箱子行李书籍
已是战乱时代的一桩幸事。在大雨泥泞中
我们又开始了读书，啊，读书
在读书中我们遇到了中国古代的春天
同时也遇到了从战乱中飞到南湖上空的一只只
白色的水鸟，万灵在逃亡旅途中投奔于
短暂的栖居，是为了更为远大前程的飞翔
在蒙自城，我们有幸品尝到了过桥米线
那一碗飘着菊花香的过桥米线，来自一个民间书生
为读书而赴考的故事传说。坐在阴雨绵长的季节

品尝一碗充满传说的过桥米线，倾听着
雨滴声划过青灰色的屋檐，使我开始思念故乡
然而，故土已沦陷，啊，在沦陷中
我们开始了又一轮朗读声
阴雨过后，天空开始透出了蓝
一片纯蓝色从格子窗透出光泽
使我们的避难地重绽教育的光束

4. 从蒙自再到昆明

从蒙自再到昆明，西南联大梦
开始又一次盘踞于西南边陲之城隅
那一幕，是历史中的历史
我记得我心花怒放地又一次寻找到了我们
新的校园。啊，校园，是谁创造了校园
当国立西南联合大学出现在眼前
我们想起了古往今来的校园进行曲
从古至今，每一座校园都是围绕着书籍而产生的
它同时也是日光和月色笼罩时的城堡
我们的校园由著名建筑学家梁思成设计
那是梁思成一生建筑史构图中多么艰难的旅行

在资金缩水的背景下，要注入建筑学家的爱
那些爱的线条中充满了曲折
我们已经摆脱了第二次世界大战的硝烟弥漫
1939 年 4 月，西南联大新校园落成
我们再次用目光的无限晶莹融润着大地山河破碎后
诞生的 36 栋学生宿舍，56 栋教室、办公室、实验室……
这一栋栋屋宇都出自年轻的建筑学家梁思成教授之手
委屈您了，亲爱的建筑大师，在蒙受国难的
中华教育的传奇史上，你为我们绘制了
西南联大的原址……何谓原址
它就是您亲手绘制图卷上出现的一幢幢
向南向北向西而敞开的教舍……此刻的我
两鬓斑白，或已是一头银发，尽管如此
我的心灵史方向始终回到那条街
从今天的一二·一大街就可以进入我们的西南联大
啊，西南联大，在 1939 年 4 月的西南联大校舍落成记中
充满着多少辛酸的回忆。啊，这回忆像白发转黑
我披着我的长发飘飘在 1938 年 4 月迎来了
我们的西南联大。我的目光晶莹中有泪水
它曾经使我南渡而下，遇见了人生中的大江大河
而如今，我们又迎来了我们的西南联大

5、我们的校舍

学生宿舍 36 栋，使用泥土作材料
这些红褐色的泥土筑铸了土墙壁
即使多年以后，我依然记得当我们拎着行李箱子
奔向宿舍的时辰，那是太阳升起的九点半钟
我们终于屏住呼吸，在庆典以后奔向宿舍
对于我们来说，宿舍就是花园和避难之所
宿舍就是隐藏我们度过黑夜的地方
我嗅到了土墙的味道，那是一辆辆的小马车
从昆明郊外运载而来的泥土，甚至在筑起的土墙上
我还能触到那些泥土的阴阳部分
我还发现了豌豆的牙胚……啊，生命

生命，哪怕在墙壁上仍能寻找到成长的光热
我将那墙壁上的豌豆芽移向窗外的泥土
移向联大的花丛间，并给它浇上水
祈愿它能在患难中成长。啊，成长
我仰起头来，宿舍的屋顶铺满了茅草
那些金黄以后的枯草，捆成结的枯草
代替了青灰色的瓦砾，构成了联大校舍最为
独特的风景。每当风嗖嗖吹拂
那一丛丛茅草就在屋顶上发出弦乐

教室、办公室、实验室为土墙铁皮顶结构
铁皮，来自昆明老五金厂的铁皮
这灰黑色的铁皮将身躯铺展开去
如铅云般铺展在我们的教室屋顶
还有图书馆一栋和食堂二栋均为砖木结构
结构，出自建筑大师梁思成之手
但因为建校经费短缺，就像兵荒马乱中
油盐茶米的短缺，我们的建筑大师只能用尽绵绵之心
用尽拳拳之手心温热在有限的资金范畴
垒建抗战时期的西南联大校园
尽管如此，每当我抬起头来
我会看见以茅草盖顶的屋顶之上成了
飞鸟燕群们嬉戏筑巢的天下
我看见它们在屋顶上狂欢并举行舞会
抖落下随风而飘过的一片片羽毛
我还看见了鸟儿们落在铁皮顶上跳舞
在上课时，我听见在屋顶之上发出的旋律
我能够想象那些跳着独舞、双人舞、圆舞曲的鸟儿
它们在这大后方的屋顶，唱歌又跳舞
它们是这多灾多难的祖国版图上一群欢乐的精灵

6. 昆明的雨，悄无声息地来

四月之后，我们的校园迎来了昆明的雨
昆明的雨，悄无声息地来，在你还没有意识时
雨已经从天空落下来。下雨了，整个干枯的世界
将迎来大面积的滋润。首先，我观看到了雨从屋顶上
流了下来，最初的一阵雨落下来时
我们正坐在教室里听西方文学课
铁皮铸造的屋顶上突然发出了叮当声
我们的目光在同一时刻仰起头来
在刹那间将脖颈转向屋顶的我们
突然欣喜地感悟道，下雨了，天雨了
千真万确，这是雨声敲击铁皮屋顶的旋律
世界的雨来到了昆明，来到了我们的西南联大
来到了我们的铁皮顶起的教室之上正在跳舞
下课铃声响起第三遍以后，我们在狂欢中
以集体主义的喜悦倾巢出教室
啊，我们突然像轻燕一样倾巢出教室
曾经在一个个明月皓空的夜晚
我们在昆明城看星空，在大后方的城池之上
完全的黑，使张牙舞爪的世界具象消失
我们坐在联大的泥土上看星空，看康德的星空
也是银河系的星空，透出紫蓝

满足了全部的感官，使它们清醒或无眠
星空下，是我们安静的校园
我们不再逃离，不再疲于奔命
在漆黑的琴瑟下，我找到的枕头
像一本书，是长方形。哦，康德的星空
蓝而悠远，不再为生命而申诉苦难
面对这黑的蓝，仿佛手臂下有云梯上升
啊，哪怕黑夜茫茫，人群中仍然有精灵们
在奔跑。我追赶着……直到我仰头
看见了康德的星空，我细数着
星空之辽阔就像忧伤那般变幻莫测……
而此刻，我们迎来了雨
细雨或大雨有着不同的撞击力
细雨滋润着众树，我看见了城区的法国梧桐
在建设路和金碧路之间顶起了雨蒙蒙的天空
在细雨中，所有死去的巨树仿佛再次转世

7. 细雨和暴雨过后的……

细雨和暴雨过后的联大校园一片泥泞
数之不尽的泥坑……我们的脚

忽儿落在泥坑中，忽儿又从泥坑中拔出来
女声的裙摆溅上了斑驳的泥浆
顷刻间，日军的敌机声又开始在昆明上空巡视
自 1938 年 9 月，日军侵略越南缅甸后
昆明城就开始响起了警报声
啊，警报，尖厉而逼近耳鼓的警报
每响起，就会失去我们正常上课或生活的日常现实
在布满泥坑的联大校园里，当天空中
突然响起了警报声时，我们正穿过泥泞回宿舍的路上
啊，警报，我们突然在警报声中提起裙子奔跑
我们要么敏捷地穿过泥浆之路，要么跌倒在一个
深深的泥坑里……啊，每每响起一阵阵
催人命的警报，就意味着我们要去寻找防空洞
然而，防空洞是那么遥远啊
我不知道有多少人能在警报声声中跑到防空洞
警报之后，是日军的一架架轰炸机
带着滚滚的黑烟来到了彩云之南的天空
在日军的空袭之下，我们看到了军事教官
毛鸿和他年幼的儿子死于空袭之中
死亡是一桩严酷的事情，是一桩比梦来得
更快的事情。大后方的昆明不再是避难所
不再是鲜花四季绽放的美丽之城
在严峻的昆明城区，一场空袭以后
天空又从灰蓝中钻出来，我们蹲在水井边
浣洗着布裙上的泥浆……这些泥浆

从手中溅落，使一盆盆水变得灰暗
这是一个灰暗的国度和时间
无论是北还是南，这些烟雾般的灰黑色
遮挡了眼帘……尽管如此
我们仍是西南联大的学生，我们仍埋头读书
抬头观看祖国的一幕幕风云巨变

8. 空袭使战事日益严峻

啊，空袭，空袭使战事日益严峻
只有死亡让我们苏醒，在空袭之下
我们的校舍遭遇着一轮又一轮的轰炸
曾经盘踞着燕巢的茅草屋顶在空袭中受损
我看见屋顶落下来的灰使箱子床单上
一片狼藉，我看见屋顶上出现了一个又一个
窟窿，那些曾经在茅草和铁皮顶上举行舞会的
精灵们在空袭中消失了。啊，空袭
使好时光骤然消失，一个又一个扑朔迷离的
危机四伏的事件中充斥着死亡的消息
联大外教英籍教授吴可在警报声中奔跑时
被奔驰中的汽车撞倒后受重伤……

死亡是突如其来的，1940 年 10 月 24 日
英籍教师吴可死于警报下的车祸死于创伤
死亡是突如其来的，在一次混乱的警报下的奔逃声中
商学系系主任丁佶死于警报声下奔跑的一座池塘
死亡是一个现场，它或许与我们擦肩而过
或许在某场警报声下再次等待着我们
我们奔跑，凡是可避开轰炸的山坡密林
低洼处都是我们可以藏身之地

9. 在警报声中成长着

我们的西南联大在警报声中成长着
从学生到教授，在这充斥着生与劫难的场景里
我们依然在铃声响起时奔向教室
这幢幢素朴的教室，会迎来我们的大师
他们身着布衣和西装，给我们带来了人类的文明
而我们的青春正值早晨八九点钟的太阳
啊，太阳，每当早晨的太阳辉映着教舍
仿佛辉映着我们青春的肩膀
而这时候，内心所激荡的一腔抱负
从书页中开始朗读，我们的语音

来自北国之冰雪苍茫的寒冷
来自江南城乡的阴柔之美，来自河流川谷的
震颤，汇集到这教育史上的一座
传奇中避难之大学，汇集到这人心
密织的殿堂，我们是联大的学生
我们正潜伏在这黑暗岁月的边疆城邦
寻找并探索着人生的真理
而我的翅膀正飞翔
何谓翅膀，它颤抖地
穿过光线……银色或紫色的光圈里
它帮助我们超越了时空
仿佛帮助我们拉开了抽屉
并上锁，顿时，一个秘密
完成以后，巨大的帷幕朝着天空敞开了

第四章　西南联大学子赴国难之前线

夜，
一团黑暗。
浓密的云雾在奔腾，
满山一片静。
一所古老的学院，
倾盆大雨下个不停，
夹杂着远处的一阵犬吠，
还有几声鸡鸣，
惊醒了流浪者的怀乡梦。
那是怒马的悲鸣，
战场厮杀的喊声。

雨正在打着柏松，
打着落叶的梧桐，
也打着坚贞的巨石，
一齐发出反抗的吼声，
巧妙地
交织成一支进军曲。
松柏、巨石、梧桐，
经过彻夜的斗争，
还依然常青、强硬、直挺，
在打击中
孕育着伟大的新生！

——刘重德《雨夜》（写于南岳）

1．黑暗之下的祖国和光阴的故事

黑暗之下的祖国，弥漫着硝烟
救亡还是继续求学是一个问题
啊，问题，人类史上呈现出的一个又一个问题
可以裸露，也可以深藏又一个世纪
直到铁树开花，诗歌之谜才可能
揭开一代又一代人的嘴唇
而历史的真相才可以像流水般畅流不息
这一刻，我刚刚祭拜过了西南联大的纪念碑
尽管老眼昏花，那一个个熟悉的名字
却再次历数着光阴的故事
光阴在这块纪念碑上铭刻着一个个年轻的名字
他们是出现在东方天际下的
早晨的露水，在每一滴露水荡开的地方
是碧绿的树枝，也是春天的果园
我伸出青筋林立的手，我的手

就像我的脸、我的膝盖骨、我的血液
已老迈，但唯有我心，仍在朝上祭拜
这些年轻的生命，当我的手
触摸着他们的名字时，我仿佛
听见了巨轮下的时间轴，在一次次地回首
我听见了光阴的故事

2. 年轻的诗人穆旦

作为女生部的我，从跟随南渡队伍入长沙时
就已经感觉到了战乱是一个压在心底的噩梦
从长沙到昆明，这噩梦逐日增长
此刻，虽然春秋书卷一页页拂过
我仍然记得那一个个劫难未酬的时辰
从长沙到昆明，见证了一个个学子光荣从军的昆明
在昆明我又见证了以穆旦为首的诗人从军记
在从长沙到昆明的远征途中，我认识了
年轻的诗人穆旦，他几乎是在三千里远征中
一路写诗而到了蒙自，之后又从蒙自
一路写诗到了昆明。诗人穆旦总是睁着一双忧患的眼睛
叩问着世界，每次与他相遇都是因为诗歌

因为诗歌，我们曾一次次赴约于校园诗社
或在郊外的滇池岸举行着一次次的诗歌之约
当空袭使昆明经历一次次毁灭性的洗劫时
从军还是继续求学又再次成为一次拷问
这拷问使年轻的诗人穆旦曾眼神迷惘
我在他诗歌中读到了炽热而忧郁的火
“走不尽的山峦的起伏，河流和草原
数不尽的密密的村庄，鸡鸣和狗吠
接连在原是荒凉的亚洲的土地上
在野草的茫茫中呼啸着干燥的风
在低压的暗云下唱着音调的东流的水
在忧郁的森林里有无数埋葬的年代
它们静静地和我拥抱
说不尽的故事是说不尽的灾难，沉默的
是爱情，是在无空中飞翔的鹰群
是干枯的眼睛期待着泉涌的热泪
当不移的灰色的行列在遥远的天际爬行
我有太多的话语，太悠久的感情
我要以槽子船，漫山的野花，阴雨的天气
我要以一切拥抱你，你
我到处看见的人民呵
在耻辱里生活的人民，佝偻的人民
我要以带血的手和你们一一拥抱
因为一个民族已经起来……
一样的是这悠久的年代的风

一样的是从这倾圮的屋檐下散开的
无尽的呻吟和寒冷
它歌唱在一片枯槁的树顶上
它吹过了荒芜的沼泽，芦苇和虫鸣
一样的是这飞过的乌鸦的声音
当我走过，站在路上踟蹰
我踟蹰着为了多年耻辱的历史
仍在这广大的山河中等待
等待着，我们无言的痛苦是太多了
然而一个民族已经起来
然而一个民族已经起来”

3. 从天上来的，从天上打回去

正如联大诗人赵瑞蕻
在《一九四零年春：昆明画像——赠诗人穆旦》中写道的：
从地上来的，从地上打回去！
从海上来的，从海上打回去！
从天上来的，从天上打回去！
这是咱们中国人的土地！
这是咱们中国人的海洋！

这是咱们中国人的天空！

他还写道：
绮梦破碎了！轰炸！轰炸！
敌机飞临头上了！——
昆明在颤抖，在燃烧，不知从哪里冒出了浓烟，乌黑的
仿佛末日幽灵；叫喊声，
哭声，血肉模糊——
轰炸！炸死脆弱的诗句吧！

4．学子们开始了从军热的激情荡漾

联大学子们开始了从军热的激情荡漾
从长沙到昆明，学子报名从军热从未停止过
青春就意味着热血奔涌，就意味着用年轻的
身体，献祭于战场，当我亲眼看见并经历着那久远之事
才知道生命是用来献祭的。青春是什么
当我们在警报和空袭中一次又一次奔跑而遇难
当昆明城区的碎石瓦砾中压倒了又一批人
我们的青春呐喊着：“从天上来的，从天上打回去”
我目睹了一批又一批学子进入了航空队伍

飞虎队的翻译队伍，一批批学子聆听着
梅贻琦在动员大会上的致辞：“假使现在不从军
则 20 年后会感到空虚。”啊，从军是一股热血奔涌的
潮流，我们聆听着冯友兰、潘光旦、陈友松
发表的宣言《从知识青年从军说起》
《论知识青年从军》《从军去！》……
那是一个又一个时光幽转的时间里
关于从军的话题，一浪激起一浪
梅贻琦在联大读书的子女都在 1944 年
“一寸山河一寸血，十万青年十万兵”的历史舞台上
报名从军，我还看见了联大历史系的教授刘崇鋐
也将儿子送进了远征军的队列……

5．另一种远征是生死未劫

另一种远征是生死未劫，是迎着呼啸中的
子弹而上。这些子弹来自云空，来自飞虎队的
驼峰航线，来自中国远征军出缅记
来自年轻诗人穆旦的从军。那一天从我身边
突然荡漾着一种我熟悉的气息
年仅 24 岁的年轻诗人穆旦举起手来

选择了他生命中必须选择的另一条远征之途
那是 1940 年 8 月，穆旦毕业于西南联大外文系
并留校担任外文系助教……
在这份简历中，我回首着 24 岁的穆旦年华中的锦绣
如果没有战乱扰世，穆旦会有另一种人生
如果另一种人生被战乱阻碍于青春的中途
那么，我们的年轻诗人将伸出手
勇敢地去选择他必须面对的人生
当诗人穆旦将手举过头顶时，我看到了
他勇敢的目光中有波涛，那是被泪光
所激荡而起的“国家兴亡，匹夫有责”的勇敢和担当
在《中国远征军出缅记》中我曾写道：
天幕中出现了中国远征军，这是一支出现
在夜幕最黑的热谷中的军队，他们抵达之地
已被掀起第二次世界大战的前幕，来自日本军国主义的
战刀挑开了漆黑之幕，战争是用锋刃掠开后的舞台
每次战争都与掠夺和侵略相关
因此，战争就是毁灭，在毁灭和进攻中
将有更多人死于子弹的穿越
这穿越使滇缅公路暗藏着玄机
我知道那玄机，那比死亡更惆怅的是什么
你们知道滇缅公路是一条什么样的路吗
筑路劳工的死亡书铺满了路的开始和末尾
而此刻，有书载：“我军陆续由此入缅，军运全用卡车
每车载 25 至 30 人，马 4 匹，日常军需甚多……”

苍茫无垠的高山峻岭上弯曲而凛冽的路况
辗转出满面的尘埃，在尘埃之上的将士们
同样是满面的尘屑和奔赴的壮志
这些壮志之下铺展而去的形状就像一条条
从缅北雨林中脱颖而出的巨蟒
它们披载着满身的星月和灼热的心跳而去
直至今日，我仍能在这条著名的滇缅公路上
触抚到那些从无数尘埃和野生灌木丛中
蔓生出的心跳。那是一个人的心跳
一群人的心跳，是一只鸟一群众鸟的
心跳……在这心跳声中，我倾听到了
诗人穆旦的心跳……

6．黑暗之下的祖国，将有勇士们为你而赴难

黑暗之下的祖国，将有勇士们为你赴难
野人山出现在诗人穆旦的笔下
“在阴暗的树下，在急流的水边，
逝去的六月和七月，在无人的山间，
你们的身体还挣扎着想要回返，
而无名的野花已在头上开满。

……

静静的，在那被遗忘的山坡上，

还下着密雨，还吹着细风，

没有人知道历史曾在此走过，

留下了英灵化入树干而滋生。”

野人山出现在诗人穆旦的脚下

这是又一次徒步，作为杜聿明的翻译官

穆旦将随同杜聿明的军队撤退于野人山

他们在进入野人山之前首先撤退到一座无名的村庄

很长时间，我曾悄然独自一人出入于缅北

我搜寻着西南联大的中国远征军

同时也搜寻着诗人穆旦的足迹

搜寻是一个二十一世纪的词汇

当飞机和轮船失联时，全世界都用目光搜寻着

我的个人搜寻史发生在我的中年时期

那时候我还能穿越怒江岸的木棉花村寨

同时穿越滇西抗战的主战场腾冲

再从那一片原始森林穿越到了密支那

我搜寻着从西南联大从军的 1100 多名学子的名单录

他们中有的光荣殉难，有的消失

在缅北的战乱中，有人类的遗忘术

忘却……哦，野人山，我有太多的话要说

孟拱以北就是连绵数百公里的亚热带丛林

因为出现了中国远征军的传说，简称为野人山

那一时刻，在大撤退中当杜聿明率部面对这片丛林时
就选择了直奔这座避难之所的理由
因为当空中飞来的追杀口令遇到了这人迹渺茫的蛮荒
必在空中失去杀机。当滚滚呼啸而来的
硝烟弹片遇上了这片耸入眼帘的巨大屏障
必被它所挡住。就这样，杜聿明军长率部面对这片
浩荡的原始森林时，在一座无名的村落
以集体主义的名义抛下了沉重的车轭
抛下了身体上的辎重。我不知道，是谁
第一个走进了野人山？我猜不出到底是谁
第一个闯进了野人山？那个人开辟出了
通往野人山的第一条道路，之后
是中国远征军进入了野人山，是诗人穆旦进入了野人山
野人山以密织的动植物的羽毛织出了眼前
铺天盖地的冠顶。那冠顶有多高？有多深邃
野人山以湍急的经纬度海拔保持着与人类生活的距离
这距离有多远？有多迷离？这是我诗歌的探索区域
而此刻，在中国远征军的大撤离中
我看到了年轻的诗人穆旦，诗人来到了野人山

7．野兽们出入的野人山

巨蟒、异兽们出入的野人山，突然涌进了那么多人
他们携带着军号、钢盔、大刀、帽徽、领章、胸章
汉阳制造的刺刀、驳壳枪等。他们是一支中国军队
起初是雾来了，雾雨中有屏障，遮蔽了天与地的连接线
身后，追杀中的敌人终于消失了
他们在浓雾中前行，这是缅北著名的热带丛林
它将因为远征军的到来而名世
因为它的深处有比日军的追杀更残酷的现实
杜聿明率部继续往雾雨深处走
带着突围之后的兴奋，但越往深处走
才发现根本就没有尽头。从玄学上讲根本就没有人
说得清野人山到底有多深？从数字上讲
也许根本就没有人说得清野人山有多少种蚊虫
从物种上讲，也许根本就没有人说得清野人山
有多少种动物异兽？从疫情上讲，也许根本
就没有人说得清野人山有多少种疫病
从恐怖上讲，也许根本就没有人说得清
野人山有多少种惊悚事件？从撤离之路
抵达野人山的中国远征军，首次遇到的是玄学中
野人山的无边无际，当你满以为快到边缘时
却遇上了更大的屏障，这会让人目眩

军力疲惫。之后，遇上的是野人山的物种
那些出入原始森林的巨蟒猛兽们
以群体或家族式的繁衍，已在此地盘踞出了
从古以往的王国，这庞大的物种王国
令人生畏，让子弹虚弱。之后，是疫情在荒无人烟中的
传播力，它让沿途的人马迅速地倒下
让人口吐白沫丧生。之后，是恐怖的穿透力
死亡的咒语，带给你的生不如死的念想
是穿越不透的恐怖和窒息。要人命的缅北雨
已提早到来，来到了野人山
被数不清的热带雨林玄学、物种、疫情和恐怖
所挟持中的中国远征军只带着三天的粮食
在补给断绝后饥饿来临，这是漫长的饥饿
因为中国远征军野人山走了近三个月
饥饿于中国远征军，是怎样的现实
许多人走着走着就倒下了，因为胃里再没有一点儿
蠕动的食物。于是，胃囊迅速萎缩
之后，两眼发呆，供氧结束，血液不再畅流
这就是饥饿之死。诗人穆旦在野人山的密林深处
最为铭心刻骨的记忆就是饥饿
啊，饥饿，吃过了太多太多的野草树皮之后的
无可忍耐的苦难就是饥饿
诗人穆旦用年轻的生命在野人山远征着
再就是因沉疴而死，当中国远征军
染上了疫病后又是怎样的现实

空气中到处是动植物和人死亡而腐烂的臭味
它们进一步地加速了疫情的传播力
人每每感染，血液会变黑，眼睛会失明
身体会瘫痪，死神们乘虚而来
还有寒气弥漫，许多将士在这寒气中
遇上了死神的手再也无法脱身而出
还有因雨季而爆发的电闪雷鸣
整个野人山只要一旦失去太阳光照
就像地狱之色，使视觉如此地灰暗
在这远征途中，杜聿明军长同样染上了疫病
他在疫病通体时不断地让电台寻找向外联络的信号
他们依赖居住在山林中的土著，也称野人
寻找着路线。终于，在最绝望的时刻
电台向外界发出了求救指令
空援飞机从高空向中国远征军投下了一个星期的
粮食和地图。中国远征军从 5 月 10 日到 7 月 25 日
在野人山穿越了地狱般的大撤退后
终于抵达了印度阿萨姆邦的雷多
终于结束了让后人无法细诉的苦难之旅抵达了目的地

8. 诗人穆旦的野人山

野人山，每个进入野人山的中国远征军
都被蚂蟥们吮吸过血肉之躯，因为五月之雨季
是蚂蟥们在原始森林猖獗挡道的时刻
再就是蚁群，很多士兵被饥饿折磨而昏倒时
也往往是蚁群蜂拥而上的时刻
在短时间，蚁群们便用强劲的吞噬术瓜分了
肉身，只留下了成堆的白骨
野人山，中国远征军的野人山
诗人穆旦的野人山，是我诗篇中最忧伤的
也是我最为虚弱的章节。1942 年 8 月
最后一名中国远征军，终于走出了
黑色而布满死魂灵的热带雨林
据资料载，中国 10.4 万名远征军
战后不到 4 万人幸存，其中，有 1 万人死于战场
此外 5 万人都消亡于野人山丛林
噢，野人山的热带雨林在哪里
在里面，活下来的中国远征军
以万劫之后的再生，重又让嘴唇喝到了野人山外的泉水
在走出野人山的中国远征军中有诗人穆旦

9．亲爱的诗人穆旦

亲爱的诗人穆旦，我看见你终于走出了野人山
饥饿没能让你消亡，你的生命终于超越了
千万层地狱之火的煎熬……你的生命
从饥饿和毒蟒中走出来，你走了出来……
你终于走了出来，带着你的饥饿和野人山之记忆
而此刻，我又在时间的哀歌中读到了
穆旦的诗页："活下去，在这片危险的土地上
活在成群死亡的降临中
当所有的幻象已变狰狞，所有的力量已经
如同暴露的大海
凶残摧毁凶残
如同你和我都渐渐强壮了却又死去
那永恒的人"

第五章　大师传说录

西南联大在其存在的九年中，不只是形式上弦歌不辍，而且在极端艰苦的条件下，为国家培养出一代国内外知名学者和众多建国需要的优秀人才。西南联大，这所其实体虽然今日已不复存在的大学，其名字所以能载入史册，其事迹所以值得人们纪念，实缘于此。

（陈岱孙《国立西南联大校史》前言）

1. 生活逸闻录

生活就是无论在战乱还是和平年代
都将从日常中演变的逸闻录
对生活于西南联大的大师们来说
是在遥远边疆的昆明此一时，彼一时的
艰苦卓绝的岁月中度过的激情岁月
我的诗歌只是力图在岁月中再回首
回首间，只是弹指，然而弹指已过
时已过，情未了，而回首间往事却在眼前
周转着，在西南联大的生活录中
大师就在眼前……尽管我深知
使用诗歌的形式，回首大师们在联大的
生活录是多么艰难，我还是在冥冥之中
寻找到了这些诗行中的一个又一个非凡的名字
因为有了这一个又一个的名字
才构成了南渡而下的西南联大的传奇史记

2. 从南开到昆明的张伯苓

我知道，使用诗歌是有局限的
就像人生史记也是有局限的，在这本用诗构成的
回首录中，我第一次看见你
是在长沙还是在昆明的南征图像中
我知道，图像是需要背景才可以冉冉升起的
图像中有历史的繁芜，更重要的是有人生的具象
当我看见你时，同时也看见了南大
仿佛在战乱的一刹那，你就是南大的一面旗帜
你举着那把旗帜过来了，你是南渡的首领之一
没有你，当然也就没有西南联大的另一潮流
当你书言“我乃决计献身于教育救国事业”的信念时
你就开始了教育救国之梦想任重道远的长旅
而当你强调并坚信“德育为万事之本”时
校训中出现了“允公允能，日新月异”
“尽心为公，努力增能……”
你带着三校合一的教育理想而南渡
从长沙到昆明，我都看见你在忙碌
布衫下的步履总是穿过校园和烟尘，因为有了你
就有了南大的学生和教授，就有了
西南联大的建校史……

3．蒋梦麟在警报声中完成自传《西湖》

你当然是中国近现代著名的教育家
你的一生围绕着教育之梦的烛台旋转
随同战火的无情蔓延，正是在你的建议下
三所大学有了南渡的现实。每一个特殊历史下
呈现而出的现实都是刀斧辟出的疼痛之痕迹
在今天，历史又让我看见了你
从南渡到昆明，之前你作为北京大学教育系教授
也是北京大学校长，你除了践行教育之梦想外
也在写自传。那是在昆明的日子
你曾写道："当我开始写作《西湖》的故事时
载运军火的卡车正从缅甸源源驶抵昆明
以飞虎队闻名于世的美国志愿航空队战斗机
在我头上轧轧掠过。发国难财的商人和以带黄鱼起家的
卡车司机徜徉在街头，口袋里装满了钞票
物价则一天三跳，如脱缰的野马
一位英国朋友对西南联大的一位教授说，我们应该
在战事初起就好好控制物价。这位教授带点
幽默的回答：是呀！等下一次战争时
我们就不会这样笨了……"
你就这样写着自传《西湖》，书中弥漫着战事
笼罩下的西南联大之逸闻

你清瘦的身体，越过警报声声回到居所
1939 年 3 月 1 日，你在给胡适的信中写道：
“……昆明一年以来百物腾贵
米每石已涨至 100 元以上，前年每石 7 元
人人叫苦……炭每石近 16 元。猪肉每斤 1 元 7 角
盐每斤 6 角。鸡蛋每枚 1 角。同人 8 折支薪
每月入不敷出。人口较多之家
有午吃饭而晚饮粥者。学生方面
政府每月给贷金 14 元，幸官米每石 50 元
犹能吃菜饭充饥。营养大成问题矣……”

尽管如此，你在西南联大管理着校园
你那瘦高的个儿穿着布衫跑过了昆明城的警报
跑过了暴雨过后校园生活的泥泞
你住在郊外，劈一块泥地栽菜并写作《西湖》
你和北大教授们还在不远处的半山腰
开挖凿通了一座防空洞。啊，生活，教育梦
就在这郊外的乡野间进行着……

4．梅贻琦，来自清华的校长

我当然也见过你，在西南联大的校园
在跑警报的时候，我看见你也在跑
跑，是你带着清华的教授和学子们一块南渡的姿态
然而，你没有想到，哪怕到了彩云之南
你仍然得带着教授和学子们在警报下奔跑
那一天，我们的教授和学生都在奔跑
我看见你也在奔跑，在离我们很近的泥泞中奔跑
你是一个举止严谨的校长，当你跑起来的时候
我在混乱的人群中，仍能感受到
你用内心肩负的教育之德行，民主和自由的风范
你跑过了又一轮回警报，跑过了战乱时期的
天空轰炸，当无数轰炸之碎片从空中落入尘埃后
我看见你作为清华之校长再一次地
走过了碎片。你喜欢步行，从居住地走向校区
在艰难时期，你辞退了车辆，以步当车
你是西南联大用脚丈量旅程的常委和清华校长

5. 傅斯年的烟斗

你当然是近代著名的史学家
教育家和社会活动家
你出现在西南联大的校园中时叼着烟斗
啊，那只烟斗仿佛人生中的符号
与你形影相随，在我们的联大
你的烟斗是出了名的。那是 1938 年夏天
你带着妻子来到了昆明，你的旅程和你的史学相伴
迁移到昆明青云街靛花巷三号
此刻，暮年的光泽
陪随我重访这条老街道，这条街临近翠湖
每到冬季，从西伯利亚寒国飞迁此地的鸥鸟们
相继用白色的翅膀覆盖这座著名的城中湖
青云街靛花巷曾住过语言学大师赵元任
史学大师陈寅恪……此时此际
青云街正在修路，这当然是二十一世纪的路
而我仍然穿越在另一个世纪中
那时候我们从翠湖散步到青云街
那时候的青云街古朴幽静，没有挖掘机
也没有铺天盖地的现代化车轮轰鸣而过
那一天，当我们走在青云街上

远远地就看见了傅斯年的烟斗，他叼着烟斗
走过青云街，走过了 1938 年夏天以后的某段时光

6．与古文学唐兰一起逛旧书店的日子

喜欢听你讲《宋词选读》课
在那些空中有警报穿越的日子里
你来了，你像另一个朝代的人
带着你的无锡腔调，给我们轻声细语中
朗读《宋词选读》……尽管时气更换
我仍然沉浸在你的朗读中……
除此外，你带领我们去古典文学中寻找
漫长的音韵，直到我们饱受浸濡之心
也效仿你朗读出声，那些词中的哀婉
使我们悲郁，也使我们在词海中畅游填词
除此之外，我们还跟随你研墨，那些黑色的墨法
引领我们在乱世中寻找风骨
除此外，我们还跟随你唱昆曲，逛旧书店和花鸟市场

7．刘文典，穿着长衫讲课

尽管你的个人史如此遥远，我们还是在联大
有机缘听你讲课……在之前，关于你的传奇中
出现了一幕又一幕的历史迹象
无论你如何“师承章太炎，追随孙中山
营救陈独秀，驱赶章士钊，痛骂蒋介石
握手毛泽东……”你还是乘着滚滚的硝烟弥漫
来到了我们的西南联大，穿长衫的你
在铁皮顶下的教室里给我们上课
啊，在语韵里你给我们讲《庄子》
给我们讲温庭筠和李商隐诗歌……
你一边讲课一边吸纸烟
你迷恋烟，迷恋古典文学中的烟雾弥漫
所以，你是孤傲的大师，你一边热爱着庄子
一边热爱着烟土……你始终未离开云南
再也无法走出云南的这块版图

8．在西南联大的古诗课上遇见了闻一多先生

闻一多先生，西南联大因为有你
而有了一曲永久不散的悲歌。每次想起你的名字
就会想起你开设的“诗经”“楚辞”“周易”……
每当你来上课前夕，我都会提早进入教室
啊，风雨无阻的教室，我们都在等你来上课
那是 1939 年 5 月 25 日，你给我们又一次
讲述《诗经·采薇》，你的声调低沉
我耳边回荡着你的声音：“昔我往矣
杨柳依依。今我来思，雨雪霏霏”
窗外似乎有细雨淅沥着，我倾听着你的声音
在这千古的绝唱中。而远方战事一浪高过一浪
你给我们讲《楚辞》时正值黄昏
黄昏似乎是你最喜欢的时光
你将我们引向教室外，引向一只正在上升青烟的香炉
你将我们引向皎洁夜色
引向张若虚的《春江花月夜》，引向人生幻生幻灭的
美和沉醉……我看见你用手抚着胡须
目光仰望着夜空……
西南联大是你的家园，所以你将妻儿携领到了昆明
在今天的西仓坡，就曾经是你一家人的居住地
在经济危机的时期，你为了养活一家人

开始通过公开治印，从而缓解一家人的饥饿危机
青云街和正义路的笔店都有你的治印点
那些出现在石章、牙章上的字，也是你的
心灵之痕迹，收藏者曾络绎不绝

9．战乱而两地家书传说中的浦江清

战乱而家书往来，这是一个动人心弦的故事
故事的讲述者就是浦江清
由于战乱和隔离，他背井离乡
独自在后方坚守岗位，这岗位与他息息相连
唯有靠那一只只空中振翅的雁群
寄寓情之绵绵，天地之辽阔
在无数个隔离的日子里，浦江清深情地
依赖着秉烛夜的孤寂写着一封封情书
1943 年 1 月 9 日，浦江清写下了这样一封
特别的家书，里面有昆明
无限上涨的物价，那些物价的背后是战争的
阴影和恐怖，是铁轨下的大后方
是一个教授精英生活的饮食录
他在信中写道：“三五牌纸烟在小摊上可得

白锡包等极不稀奇。价钱呢
我所知道的宝剑牌十支装二十元
金字塔二十支装四十元。联大教授们抽本地纸烟
每包二元五角，其劣可知。点心则糕饼
平均价四元一个。花生米是两元一两
桔子很好，是二十元一斤。馄饨每客十元
上海汤米团每客八元，四个
除粽子不见外，此地吃的东西
可是样样都有。但是我们不能享受
在城中不免见了口馋，所以用钱便费
到乡下使一切断念……”
家书是那个时期，浦江清的另一个世界
在他的一封又一封家书中，呈现出了
西南联大教授生活的现状
在战争时期，一座边疆之城的俗世文化
在细腻的文字中，我们读到了
满腔的絮语和温情……在物价飞涨的大后方
让我们低下头，重读这些用笔墨写出的小楷体
里面有丝丝缕缕的风俗，也有数不尽的趣闻
他写道：“清华校庆纪念日
今年因合作社赚了些钱，所以举行聚餐会
大家嘴有点馋了。到会有四五百人
三年未有之盛。聚餐费每人一百元
不足都由合作社贴出。有毕业同学经营工业的
来送，每人得了一块毛巾

四块肥皂，皆大欢喜
饭后又有合作社的便宜东西
及别的厂家廉价来卖
有白布、糖、墨水、纸烟、火柴、套鞋等等
人挤得很，尤其是女太太及小孩子们顶起劲
也有大教授挤在里面
买了许多纸烟和火柴
那天的盛况不亚于在（清华）国内
可说是狂欢日。地址是借了这里的
裕滇纱厂的厂址。这狂欢等于一根强心针
到了归途的汽车里，大家又在叽咕
这个月薪水不够用了。因为占着东西便宜
超出了预算。”在这些家书里
我们看到逝去场景中联大教授们的凡俗心态
在一个个细节的表述中，艰难而贫困的联大生活录
从一封封家书中婉转而出，在如此漫长的时光里
翻拂着这些纸上笺字，心底涌起一阵阵
难以名状的喜忧。生命是值得瞩目的
它也许是波澜和荒草相互缠葛之心
然而，它自始至终有一个飞的理由
它绕开了忧伤，或者在忧郁之上飞翔
在我们的身心里，有许多转瞬即逝的时间
是属于飞翔的……
唯有这虚无主义的理想带给了我们
纯粹的痛苦和快乐……

10. 抵抗着胃病的朱自清

朱自清当然是瘦弱的，尽管路途迢迢
他依然携带着他那瘦弱的身体来到了西南之边陲
我又一次在 1941 年 3 月 8 日朱自清的日记中
读到了这一幕：“本来诸事顺遂的
然而因为饥饿影响了效率
过去没有感到饿过，并常夸耀不知饥饿为何物
但是现在一到十二点腿也软了
手也颤了，眼睛发花
吃一点东西就行，这恐怕是吃两顿饭的原因
也是过多地使用储存的精力的缘故。”
这一幕，真实地再现出身患胃病的朱自清
饥一餐、饱一顿的教授生活
这胃病在战事缭绕的联大背景录中使他身心
日益煎熬，在一个个白昼与黑暗交替的日子里
他不得不面对粗劣的饮食，同时面对
身体中那个胃痛的区域
在 1942 年 12 月 11 日的日记中
他写道：“早晨很冷，三时醒来不能再入睡
勉力出席八时的课程，回到宿舍时像个软体动物
读钱基博（钱钟书之父）的《明代文学》
午睡后额外食月饼一块，致胃不适

当心！是收敛的时候了，你独居此处
病倒了无人照顾，下决心使自己强健以等待胜利。”
他强撑着身心，也强撑着对于胃病的抵抗力
在这一幕又一幕的黑暗和难言的深处
我能感受到他的生活处境和悲伤
有时候，一块黑色的面包就是整整一天
有时候，遇到美食时，他饥饿的胃就奋勇向前
1948 年 8 月 1 日，他在给朋友 信中写道：
“半年来胃病发作三次，骨瘦如柴……”
尽管如此，他仍然用身心拒抗着生命最后的终曲
这绵绵终曲中，有他在拒绝“美援面粉”的声明上签字
他在最后的日记中写道：“此事每月须损失六百万法币
影响家中甚大。但余仍决定签名……
此虽为精神上之抗议，但决不应逃避个人责任。”
朱自清英年早逝于 1948 年 8 月
早逝于战事弥漫的八年贫困而艰难的西南联大时光
冯友兰忍痛写下了这样的挽联：
“人间哀中国，破碎山河，又损伤《背影》作者
地下逢一多，心酸论语，在惆怅清华文坛”
我看见的朱自清来自《背影》中的背影
来自小小寒舍中扶正中国文化的一盏烛光
我所看见的朱自清来自《背影》中遥远的背影……

11. 沈从文是我们文学院的老师

我喜欢听沈从文讲课，他带着湘西的口音而来
啊，沈从文，在历史的屏幕中正在越过
西南联大的重重围栏和时光的屏障
他所开的三门课分别是
“各体文习作”“创作实习”
“中国小说史”，沈从文出现在教室中时
他总是带来了一大摞书，那些书会用去他的
许多力量，他用手臂抱和将手夹在胳膊下
他的目光清澈而虔诚，他用目光与每个同学
交流着。他讲课的声音很温柔
他平静地讲述，更多时候显得自言自语
宛如他故乡的那片小小的树林里
一群鸟在春天落地飞翔的拍翅声
我自己非常喜欢，我也能感受到
在这些自由自在的拍翅声中
文学对于我们的身心滋养
沈从文为了让我们真正地了解《中国小说史》
正亲自动手抄写辞条，他使用地道的云南竹纸
非常有趣而严谨地抄写，之后
他从他坐落在文林街二十号联大教职员宿舍的
一间小小的房子里，带来了他的墨卷

那些卷成卷的《中国小说史》给我们带来了墨香
也带来了感动……

12. 历史系教授陈寅恪

陈寅恪，称之为大师中的大师
亲爱的大师，我又看见了你
此刻，已近黄昏，这是历史上最灿烂的时刻
我看见了你一生辗转，年轻时
从美国哈佛大学到德国柏林大学
又辗转到巴黎大学……因为辗转是你的天命
人违背不了天命，所以，你的辗转
自始至终在天命的宿路上一路奔跑不息
这天命就是让你的身心携带着人类的语言
这些语言就是梵文、巴利文、蒙文、藏文、满文
波斯文、西夏文、土耳其文
还有英、法、德、日、拉丁、希腊文
这天命使你成了西南联大历史系的教授
教授，就是从海洋般宽阔的语境中走出来
就是从人类的智慧剪裁中走出来
就是从风雨摇晃的独木桥上走出来

就是从细小的支流寻找巨浪的波涛上走出来
你走了出来，走到了西南联大的讲坛
在李钟湘的笔记中，你又一次显现原形
笔记中写道："貂皮帽、衣狐裘、围围巾
手提蓝布小包袱，坐在南区小教室里
有时微笑，有时瞑目，旁征博引，滔滔不绝
同学如坐白鹿洞中，教室虽无绛帐
却也如沐春风。"你是教授中的教授
你给联大的学子带来了"晋南北朝史"
带来了"隋唐史"和"梵文"
给我们中文系带来了"白居易"系列课室的讲座
在你眼疾的日子里，你的世界
仍然是一片明珠所照耀。你深谙这命中的磨难
继续着"教授中的教授"，生命的过程于你
仍然是沉濡于史学的渊薮，这无边的渊薮
使你失明并继续着生与死的磨难
抗战胜利后，你写下了这组七律《忆松门别墅故居》：
"渺渺钟声出远方，依依林影万鸦藏
一生负气成今日，四海无人对夕阳
破碎山河迎胜利，残余岁月送凄凉
松门松菊何年梦，且认他乡作故乡"
此刻，我仿佛又遇见了你
在那个阴晦的战乱岁月
你的足迹辗转于昆明、香港、成都
你的眼疾一天天变得灰暗，尽管如此

在联大的校园里，我看见的你
是一个用尽全身心抵抗着败絮的勇士
是一个倾尽身体之灵翼飞翔在人类史记中的
吟唱者……而今天的我
在老态龙钟中仍然听见了你从联大走来的
脚步声，你踏着人之生命的残露
而你生命的那口气，仍然盘踞在古老的史学之渊薮
它们使你脚步下旋起的那一片片金色的银杏树叶
仿佛古老时间的书笺，昭示着人类的真理

13. 钱穆的国史

时光穿越着，确实的，这是四月最阴郁的时刻
也是春风荡涤尽所有枯枝败絮的时刻
我的脚，一双从西南联大校园史中走出来的脚
一双在黑色布鞋中穿越时光的脚
今天将步行到校园一座座低矮的教舍
今天的我将再一次前去倾听良师钱穆讲国史
当钱穆讲国史时，教室里座无虚席
两边站满了倾慕而来的教授和学子
他使用无锡语讲国史，在他充满激情的讲述中

所有的心灵都在其中穿越着
我的心灵史也在穿越着
那一天，我们倾听钱穆讲《中国通史》
那还是一个凝聚力很强烈的时刻
窗外飘着绵绵的细雨，我的倾听力
在钱穆的声音中穿越着好几个世纪的黑暗
我睁大双眼，在绵绵不尽的细雨中
穿越着祖国山河的一卷卷混浊和清澈见底的巨梦

14. 在钱穆写作《国史大纲》的时光里

时光是用来渡过生命之光烛的
在不同的时间里，人渡着时光的影子
每一道时光里都有叠加的影幻
它们替代自己的心像远游和蜷曲
时光让人类从结绳记事开始了时间的编年史
在西南联大的时间里，钱穆正编写着《国史大纲》
国史，这是一个人心灵的尺度
我不断地寻访着这些来自尺度的深邃之谜
在辗转的岁月，钱穆叙说着
高天流云之下的国学书写后的时间

“民国二十六年秋 (1937)
卢沟桥倭难猝发，学校南迁
余藏平日讲通史笔记底稿数册于衣箱内
挟以俱行。取道香港，转长沙，至南岳
又随校迁滇，路出广西，借道越南，至昆明
文学院暂设蒙自，至是辗转流徙
稍得停踪，则二十七年 (1938) 之四日也
自念万里逃生，无所靖献
复为诸生讲国史，倍增感慨。”
写作国史的时间从蒙自到昆明
又从昆明到宜良，在当时距昆明 70 多公里的
宜良，钱穆寻找到了一方隐蔽的山水
他的笔录中曾描述过这战乱中难得一遇的
隐居地：“院子有一白兰花树，极高大
春节花开清香四溢。道士采摘去赴火车站
有人贩卖去昆明。张妈以瓶插花置余书桌上
其味浓郁。楼下阶前流泉
围砌两小潭蓄之。潭径皆两尺许
清泉映白瓷，莹洁可爱
张妈以中晚两餐蔬菜浸其中
临时取用，味更鲜美……”
《国史大纲》就是在这样的幽居中完成
在这样的幽居生涯中的大师
居住在宜良西郊的岩泉寺下
居住在充满山水的风景中

更为重要的是居住在自己的心灵深处
居住在一个人的尺度密径过往的历史中
在这些属于一个人的尺度里
我看到了钱穆散步的小路
那一条条被山水辉映的小路
倒映着无数先灵的踪迹
历史和时间的国学史荡漾着一代大师的步履
在这样静谧的时间里，钱穆每周需到昆明
讲课三日，余下的时间就在这幽居中
读史并研习并写下了《国史大纲》
1939 年 6 月是一个好日子
钱穆终于完成了《国史大纲》，在 6 月夏日的
热浪和一阵暴雨之中，钱穆推开门窗
目送着雨后晴朗的天穹，心情舒朗着
这值得庆典的个人生活录，是空中飞过的喜鹊的欢鸣
是树枝拂动树枝般的蝉语
钱穆书写国史的居所外的小路上
曾经走来了汤用彤和陈寅恪
在他们下榻在钱穆居住小楼的那一夜
星光如此皎洁。他们叙国史，叙人生之浩渺
他们居于战乱中的岩壁寺下
互为勉力，以此将星空的皎洁融入精神之怀襟

15. 周培源骑马到联大上课记

确实的，骑马在今天是浪漫的
尤其是在今日世界完全用车轮穿越长距离和近距离的
时代，骑马逾谷川是一种探索和风尚
而在这里，我看见的周培源教授骑马记
是在战乱年代的一道风景线
风景，是推窗和远望扑面而来的场景
是露水、草木和花蕊绽放，也是凋亡和秋风
每道风景之所以异常和安静喜悦
都离不开它们所置身的背景
周培源骑马，是为了缩短距离到联大去上课
由于战乱和日军的飞机轰炸昆明城
所以，物理学家周培源带着家人
迁入了昆明城外西南的凤邑村
在那座面朝滇池畔的古老村庄里
他们寻找到了避难所，同时也远离了城区
从城区到滇池畔的凤邑村有 38 里路
当然，那时候也有水路，从水上木船过滇池过大观楼
同样需要三个多小时
只因为那时候的水路也很慢，船上还没有发动机
一叶扁舟在水面上漂动，随同水流
很缓慢地走。因为水路太慢

无法掌控一叶扁舟航行在水路上的远距离
所以周培源便选择了骑马到西南联大授课
每到星期一、三、五，周培源就出发了
其实，他起床很早，大约是五点左右
虽然已经迎来了一天的晨曦
但意味着要穿越 38 里的路程
周培源给马喂料，又备好了马鞍
那头棕色马仰起头，长啸着，仿佛已明白了
自己的使命。出发是一件负载着
使命的事情，一匹匹马的属性负载着
为人类服务。生灵真是美好
每一种生灵要么飞、奔跑或行走
都是人类生活的盟友。在那个艰难的日子里
那匹棕色马背上坐着我们的物理学家周培源
当他骑马从凤邑村出发时，天未亮
但来自东方的曙色已开始升起
周培源骑马将一对女儿送到了车家壁小学
从而开始沿滇池畔的小路出发
这是一段 38 里的路程，周培源骑马上课
充满着不少逸闻，骑马既惊心也舒畅
最重要的是要跟随一匹马穿越 38 里
穿越那些湖水的屏障和黑暗中的风雨地平线
我曾在某个时辰，来到了滇池畔的凤邑村庄
这座临水岸的小山村，已无法寻访到周培源
一家人租住的那座小屋。时空的转换

惊人地变幻着，眼见那一座座土坯房
已改换钢筋水泥屋；眼见旧人变新人
世界从土坯屋到钢筋水泥屋
人的安居越来越接轨世界的风范
尽管如此，我似乎依然在凤邑村的石阶上
看见了骑马下山坡的物理学家周培源
鸟在这座小山村的桃李树上栖居后穿越着
鸟，轮回过来的鸟翅们彼此穿越
世界是符号和数字化的，但在凤邑村
物理学家周培源一家人避难的小山村
世界静悄悄，我屏住气
只要我向往，我就会看见
周培源以马代步到西南联大授课的风景
世界上的风景很多，而这一幕
足以让我们追寻到马蹄下
那些被周培源呼唤的距离

16. 大师们的风范

大师们的风范，是学问和做人的礼赞
尽管今天步履已晃动
我仍希望每一位大师可以往返于我们中间
如果灵魂需要越变越干净
就需要回到梦乡的艰苦之跋涉
回到一个透彻的视觉前，从自我开始
自我，在西南联大就是闻一多参加步行团
就是金岳霖、梅贻琦跑警报
刘文典大呼“保存国粹”
就是周培源以马代步到西南联大讲课
只有将自我载入理想生活
你才会看见鹰为什么飞过了海拔和高高的岩壁
鹰为什么长出了巨大的翅膀
只有将自我载入理想生活
你才会步入尘埃而看见春光之后是满目秋花凋零
大雪压顶之后，转而就是一个神话
在你冰凉的身体中孕育着振翅的焰火
大师们的风范，就是一块磁铁
突然在眼前，引领你
奔跑或行走，而无论是行走或奔跑

它都会让你咬紧牙关，在静谧的风暴中
读完一本书再去翻开另一本书
今天的我们，是否可以像我们的大师们
将砖头一般沉重之书，放在箱子里
拎着那一只只箱子走出家门，寻找到灵魂中的
圣堂，寻找到一张书桌、一盏灯光
无论是渡船，还是吐丝缚茧
还是正在荒野上像野蜂样孤寂地飞行
今天的我们，是否可以再一次地面对大师们
磁场般的良知、智慧和致远的漫漫旅程
从而回到我们的星空之下，做一个仰望者
再垂下头，虔诚地伸出双手
做一个祈祷者，让你内心之愿望冉冉上升
做一个践行者，复述出你每一个理想的因果之缘

第六章　跑警报

在警报声中奔跑的西南联大生活录，展现出了战乱笼罩的昆明城的日常生活体系，这是值得我们缅怀的往事之一。在这些充满日常录的细节中，显现了真实的西南联大的另一面，它充满苦难的情调，在物质生活贫乏的年代，我们的大师学子们到底是怎样生活的？

1. 昆明人在警报声中跑了起来

生活是用细节编织的处境，在西南联大时期
哪怕警报声覆盖着整个昆明城，我们的生活
仍在消磨着我们的光阴年景。自 1938 年秋天开始
日本人的飞机就开始扰乱了昆明城蔚蓝之天空
昆明天空之蓝，曾经是我们避难之所的慰藉
当飞机以强大而刺耳的声音扰乱着天空之籁
之后是拉响的警报声。直至今日，那警报
仍在我回首往事时如雷贯耳，啊，我们的双耳
从那年秋天开始将轮回地接受这严酷的警令声声
跑警报意味着，当警报声一旦响起来
无论你置身何方都要调动自己的全部神经
还要调动自己的四肢跑起来
那时候，整座昆明城都听到了奔跑声
无论你是大师学子都会在顷刻间跑起来
在联大外的大西门、小西门、凤翥街、文林街

青云街、正义路、南屏街、金碧路……
所有商贩、行人都在警报响起来的刹那
跑了起来。无论你是官吏、琴手、盲人、医生
游手好闲者……无论你有没有身份
当警报一旦响起来时，凡是在昆明城用脚走路的人
都会将神经区域迅速地扭转成一个奔跑的姿势
跑，是必然的，人们在慌乱的奔跑中
寻找着周边最近的防空洞，昆明城因为战乱
而开挖了一个个防空洞，但防空洞总是有限的
更多时候，是在警报声中盲目地奔跑
我们不知道跑向何方？我们只是随同恐怖一起奔跑
随同一个战乱的年代在无妄地奔逃
我们从北京奔逃到了长沙，又从长沙奔逃到了
昆明，在 1938 年秋天开始时
我们又开始了奔逃，在催命的警报声中奔逃

2. 警报声中出现了金岳霖

金岳霖起初并非重视警报
当警报声响起来时，他也许认为是铃声
确实，昆明城在人们的心灵中是避难所

是远离战乱的乌有之乡。刚刚从逃离战线中
迁徙到昆明城的金岳霖，在住所中第一次听到警报声时
依然在低头读书。然而，警报声响彻在
整座城区……金岳霖抬起头来又垂下头继续读书
突然他听到了爆炸声，是附近的楼在爆炸
金岳霖站出来，意识到了战乱之火
已到了昆明，他跑出大楼，顷刻间看到了
眼前已爆炸的楼房，这是他暂借住的
昆师师专的大楼，是他渡过时光的隐居地
而此刻，在另一个地方，当空袭突如其来时
在慌乱的奔逃中，陈岱孙已奔逃到了不远处的山坡
这是农校的后山坡……就是在这个地方
卧倒在山坡上的陈岱孙目睹了
那一枚枚炸弹从空中抛掷昆明师专的场景
啊，抛掷物体，第二次世界大战的武器
从灰蓝色的天空抛下来，抛了下来
城市变废墟……当陈岱孙在空袭停止以后
从山坡跑回学校时，突然看见金岳霖从昆明师专的
废墟中走了出来……陈岱孙，还有李继侗、陈福田
面对着没有学会跑警报却安然无恙的金岳霖时
百感交集，从那以后，金岳霖就学会了
在警报声空袭而来时，跟在陈岱孙几个教授身后
开始跑警报……整座城都在奔逃
只要警报声响起来，读书的先生就卷着书在奔跑
小店的裁缝们握住剪刀布匹在奔跑

脚踏缝纫机的人肩扛缝纫机在奔跑
账房先生抓着算盘账本在奔跑……
啊，奔跑，我们的教授金岳霖终于学会了
在警报声中奔跑，后来他的居所迁到了城郊外
迁到了一座叫龙头村的小村庄
龙头村在今天仍然叫龙头街，在二十一世纪的今天
龙头街已经是城郊外一道非常热闹的街景
在一个阳光灿烂的日子里，我又一次来到了龙头街
我在每一条小街景中力图寻找着金岳霖教授当年
住过的地方，啊，一切已流逝在神秘的岁月长河
一去不复返，唯有心灵往事仍在词语的抚摸中
历历在目。林徽因在致费慰捣的信中曾写道："日本鬼子的
轰炸或是歼击机的扫射像是一阵暴雨
你只能咬紧牙关挺过去……可怜的老金
每天早晨在城中上课，常常要在早上五点半
就从这个村子（龙头村）出发，而还没有来得及
上课，空袭就开始了，然后，就得跟着一群人
奔向另一个方向的一座城门
另一座小山，直到下午五点半
再绕许多路走回这个村子，一天没吃、没喝
没工作、没休息，什么都没有，这就是生活"
啊，生活就是穿越警报。生活就是抱着书
跑警报。这就是跑的生活……
在彩云之南的昆明城，直到如今
仍保留下来了几座 70 多年以前的防空洞

谢天谢地，那些轰鸣中驰骋世界的推土机和挖掘机
忽略了钢筋水泥地面下的这一座座战争年代的防空洞
它们竟然奇迹般地活下来了
就像一册册史卷活下来了，熬过了岁月和枪杀
活下来了。当我朝里面颤颤悠悠走进去时
我知道里面有我们的魂
有我们活着死去的，所有在战争中避难者的魂

3. 警报声下，梅贻琦在疏通混乱的人群

啊，催人命的警报，总是在你没有任何准备时
从危机四伏中响了起来，我们在跑警报
全昆明市民都在跑警报，因为只有在奔跑中
你才能感觉到心跳着，血液循环着
人命是一个与自己的呼吸行为身体息息相关的问题
只有在警报声下奔跑起来，我们才能
证明我们是鲜活的生命，在警报声中
梅贻琦也在奔跑中，他在奔跑中疏散着混乱的人群
这是一个关键的时刻，疏散是多么重要
只有胸怀悲悯无我者，才会在危极生命的时刻
抛开自我。我们眼前是西南联大的常委

我们的梅贻琦先生
曾一次次地疏散人群，方称真英雄
英雄需要勇气和无我……需要伟大的情操
清华校长梅贻琦就这样在警报声中
一次次地为我们疏通了奔跑的通道
那些通道从教室到交叉花园
所谓的花园是从泥土中疯长出的野花野草
从这些草丛中人便走出了路
通道是从奔跑中衍生出另一条道路
人生中，另一条道路，也许是一条条
闪烁着美丽奇幻的路，也许是外星人走的路
也许是人与鬼相互搏斗的路
战争时期，在昆明的警报声中可以看见助人者
也可以看见苟生者，每一个无常的生命
都在战乱中获得尊严也获得了生的可能性
而在这里，这一条条由一个人开辟出的路
是由死向生的路，是众生奔向光明的路

4. 警报，警报……刘文典和警报

在写给胡适的信中，刘文典写道：“因为敌人飞机
时常来昆明扰乱，有时早七点多就来扫射
弟因此不得不黎明即起，一听到警报声
飞跑到郊外山下，直到下午警报解除才回寓
因为早起，多见日光空气，天天相当运动
都是有益于卫生，所以身体很好……”
可以从信中读到刘文典的风趣和幽默
战乱中的昆明人和警报的时间关系
警报过后，飞机扑面而来，飞机通常
以离屋顶不远的距离飞行着，飞机是来扰世的
也是来摧毁昆明城的，这是战争的需要
刘文典除了面对警报外，也必须奔跑
在警报之下的昆明城使我们的视觉，在刹那间
回到了刘文典跑警报的地方。在乱世间
跑警报是现实状态中一大危机
就像今日二十一世纪的癌细胞、高血脂
飞机失联那般危机四伏。在任何时代
人、物与灵都离不开时代的背景
个人简史，飞禽野兽的奔跑都离不开
舞台后面的背景，舞台剧有背景
人心有背景，生死劫难有背景

伟大而灿烂的灵魂传颂有背景
光荣的征程有背景……漫长的史卷有背景
刘文典跑警报也有背景。当警报来临后
刘文典沿铁路后面的白泥山在奔跑
有时候也会沿着更远的苏家塘方向的小虹山奔跑
那一天，当他奔跑时突然想起了陈寅恪
刘文典的眼前飘过了瘦弱而视力模糊的另一位大师
陈寅恪的身影，他止步转身，带领奔跑中的
几个学生，返回陈寅恪住所，搀扶起
大师陈寅恪并大声呼吁道："保护国粹要紧"
这就是警报，西南联大历史上的跑警报
尽管如今的我，早已老眼昏花
我仍然铭记着西南联大史上一幕幕跑警报的历史
那是 1940 年 10 月 28 日，这天的警报来得很早
联大刚上课，警报就来了，它穿越了七点十五分的
昆明城区，那一天，联大的历史舞台上
出现了吴宓和陈寅恪和联大师生们跑警报的场景
啊，跑警报，我们的大师们也在跑警报
我相信，在跑警报的岁月里
主宰我们的众神，也在奋力无畏中跑警报
因为只有陪同受难的芸芸众生跑警报
众神才可能寻找到渡众生苦难之道

5. 警报来了，陈达带领学生们跑到山头上课

警报，警报，它以无法预测之铃声
催促人们起步奔跑……啊，奔跑者
穿过了绊脚的警戒线，这一天，社会学教授陈达
正在铁皮顶的教室里给学生上人口课
人口是生育繁衍，也是人类背景发展史的
数字学，社会学……突然间，警报响起来了
警报声使陈达教授的声音终止
人们开始携书包往外奔跑，学生们跟随陈达教授
往外面的高坡上奔跑，那是学校外的小山坡
他们在警报终止后，开始上课
在他们脚下是一片坟墓，原来他们就坐在
这寂寞阴冷的山坡上讲完了一堂人口课
原来课堂可以在警报声中移向荒野山冈
大师们有的曾经在旷野炸弹坑里给学生讲课
比加冯有兰先生，他曾站在炸弹坑里指点着硝烟
讲课……在一阵阵警报过去了的余音上下
我们的大师们开始给学生们讲课
大师们将西南联大的学子们
引领到了山坡旷野，引领到了一个子弹无法
打进来的世界，在里面有一个声音
朗读着……引领我们用心灵去战胜恐惧

6. 跑警报的陈寅恪

警报声声中，每个人都有自己的跑法
每个人都在往生命的中心奔跑
是的，人类的历史古往今来都是一部逃亡录
直到我满头银发，仍没有终止逃亡
跑警报有多种跑法，当你往斜坡上跑
就会越跑越高，就会跑到林子里
70 多年前，山坡树林离人很近很近
森林里有屏障，炸弹就不会掷在树林里
当你往防空洞方向奔跑时，说明你已经
离防空洞很近……关于防空洞
曾经与西南联大的一位大师有关
他就是陈寅恪。因为警报，陈寅恪
就在自己居住的靛花巷楼下挖了一个小小的
防空洞，那时候，很多人都在挖防空洞
哦，小小的防空洞，不知道是否让陈寅恪藏过身
每到雨季，防空洞里遍地是水
我们的大师只有带着椅子才能在防空洞里安身
防空洞，它曾是战乱年代昆明城的一景
多年以后，当战乱平息，我曾无数次
作为留守者的一员，私密地前去访问那些坐落在地下的
防空洞，它们是第二次世界大战的证据

防空洞，陈寅恪大师的防空洞
由他自己用锄头双手泡出来的防空洞
已从二十一世纪之前的城建中消失
已从我经常漫步的青云街消失
已从弥留在人世间的许多神秘事物的传说中消失
当我年事已高，才知道时间是用来虚度的
也是用来埋葬的，或改变前世传说的
我一次次地步行于青云街，云路很遥远
我已无力再重返这二十一世纪天空下
陈寅恪的防空洞。无力到达的世界太多了
我只愿这些诗句，像雨水般浓密
从天空落入地下，再以绿枝般的触须倾向天空

7. 跑警报跑出了恋情的师生们

跑警报也可以跑出恋情，每当警报声从耳边穿越而来
有恋情的男女必定会手牵手奔跑，那是一种畏难中
心心相印者的关系，手牵手在奔跑
这是一幕舞台戏，直到如今，我仍怀念
那牵我手的男生……尽管那牵手的时光很短
后来，我所爱的男生参加了中国远征军

去了缅北战场后，再也没有回家
这是另外一个故事了，此时此际
世界一片和平，我们的城市已不再有防空洞
市民们不再需要在警报下奔跑
生命，从来没有像这个世纪一样的自由而灿烂
尽管如此，很多时辰，我依然会回到那手牵手的
奔跑中……那时候，正值我们的美好年华
在昆明的警报声中，我遇上了他
他从江南水乡而来，之前，我似乎从未见过他
那一天下午，警报声中，我们跑警报时
正是细雨绵绵的雨季，下了三四天的雨
使我们的校园泥泞，我跑着跑着就跌倒了
一只手突然从空中伸来，我听见了一阵召唤
那来自江南的语音，我抬起头
看见了他，从未见过却无限亲切的他
我将手伸出去，那只手牵住了我的手
于是，我从泥泞中站起来，他的手并没有松开
他的手继续拉着我的手在催命的警报声中奔跑
他始终拉着我的手在奔跑……直到我们
穿过铁路，直到我们跑到一座小山坡后
我们趴了下来，我听到了我青春期的心跳
我似乎也听到了这个来自江南男生的心跳
那些相隔泥土和剧烈的轰炸声的心跳
突然使我们抬起头面面对峙
在短促的相视中，我们似乎都寻找到了

那些渴望已久的东西，那些东西仿佛
像沉埋已久的矿物质，突然越过地壳和岩浆
前来面对我们……从那以后，只要警报响起来
我和他就在奔跑中寻找着对方
他的手就会在混乱的奔跑中寻找到我的手
我们一起跑警报，跑到铁路外的小山坡
就这样，我们因为跑警报而成为恋人
那一年，也是我和他的长离别
他选择了从军，当他将这个决定告诉我时
我伸出手抚摸着他的面颊，我们来到了
我们跑警报时发现的小山坡，我力图劝阻他
他的目光那么坚定，他说，他选择了从军
是因为他是一个男儿……在国家危难的时刻
男儿只有选择战场……是的，他必须离开
那一年，他穿上了军装，他必须离开
我来不及目送他，也没有力量阻挠他的灵魂
前去穿越缅北战场……而我心灵的温度里
直到如今，仍然保存着我们最后的拥抱和吻别
那是在小山坡的避难地，他来了
我们曾在无数的时间里，因为跑警报
而手牵手跑到了这片山坡，我们将头埋在
芬芳而充满弹丸味的树枝草丛下
我们也会将头彼此埋在心窝口
久而久之，这片小山坡已经成了
我们的避难之地。那一天，我早早就来到了山坡

我等他，并见上最后一面
站在小山坡上，我又穿上了我箱子中最好看的
那套蓝花布裙……艰难时光里，这是我
只在特殊日子里才穿上的蓝花布裙啊
它陪同我，我西南联大的恋人
他来了，穿过那条小路，突然就到了我身边
他伸出手，像跑警报时一样牵住了我的手
那时候，我们并没有预感到这是一场生离死别
确实的，这是一场生离死别
他走了，在催人命的警报声中走了
远隔着距离，我又看见了恋人的背影
我看见了他身穿军装以后，最后的回眸
生与死就在这回眸间弹指一过
我仍保留着他年仅 24 岁的阵亡之书
那封从缅北辗转到我手上的阵亡书
是在抗日战争结束后，才来到我手上的
一封阵亡书，历经了整整 70 多年的怀念
而当我每一次怀念他时
天气中充斥着硝烟的味道
我们青春正好，他对我耳语着……
而此刻，群山依旧，我是水面上的旧镜子
我是衣柜里的旧衣服，我是一场历史中的
陈旧痕迹，我是过去的闪电
我是你遗弃过的没有了封壳的笔记本
我是忧伤的沉沦，滑行的枕木

我是乌黑的过去，每一根羽毛
都只想飘荡在前夜，犹如农人之手
抚摸的是前世遗留的土地
相信我，我不再属于你，我只属于
隔世的檀香，只属于忘却
只属于那本丢失了扉页之书
只属于没有开头也没有结束的叙事

8. 警报终于结束了

警报终于在某一天结束了
那是 1943 年的秋天，一个晴朗无风的日子
我们又看见了日本人的 27 架飞机
在昆明城上空盘旋，总共是 27 架飞机
我们也同时看见了飞虎队的飞机
陈纳德将军率领的飞虎队，是一幕战争的奇观
从 1941 年开始，飞虎队的飞机就出现在云空之上
那一年，飞虎队的飞机穿梭在云层中
我们很多人都站在山坡上看飞机
这是一场壮观的云空之战，整座城的山坡上
都有观飞机之战的市民，转眼间一架飞机落下来了

再转眼间一架飞机落在滇池水面上了……
很多架飞机落下来了……从那之后
日本人的飞机从昆明城的上空消失了
昆明人跑警报的日子也终于结束了
警报终于结束了
啊，自由，就当是你想它的时候
它来了。我们历尽了一切磨难
而自由的精神只是刹那间闪现
却支撑了我们的一生

第七章　居住之叙事

我们生活着，而起居则是西南联大的另一种传说，追忆那逝去的居所和品尝的食物，将使我们重温联大的生活，它是我们曾经的一段艰苦而浪漫的逸事录。

1. 战事之居所意味着什么

居所，是瓜棚、使用石、土基泥
混合而成的房屋，从古至今，居所也是四壁
所围拢的小世界。人需要居所就像鹤云嬉戏的天空
就像层出不尽的雀鸟用嘴衔来草棵羽毛筑起之巢
居所，在西南联大时期，意味着在避难之所昆明
筑起装得下书籍和教育之梦的一方四壁
我对于居所的期待，就像从长沙徒步三千里距离时
一座村落的抵达。飞燕、兀鹫在半空中的飞翔
所抵达的是燕巢。我们的联大学子也有
抵达的终点站，当我越来越年迈
住在钢筋水泥的高楼深处，才知道居所
在二十一世纪离大地越来越高
这是一种随着电梯上升的高度
高度令我的晚年生活眩晕，但窗外建筑
却依然越升越高，就像野草疯狂地

朝着天空无节制地升高
每当这一刻，我就会下楼回到泥土
回到老昆明的古老街巷，去寻访我们的联大居所
那时候，天空有多蓝啊，哪怕飞机掷下炸弹
但转眼间，就灰飞烟灭了，剩下的依然是
碧蓝的边疆天宇。在这天空下
我们的大师们住在怎样的屋檐下
让我重回那些简朴的四壁，作为见证人
为二十一世纪的新星人类的你们
去寻访西南联大教授和学子的居所

2. 汽油箱，联大师生的书桌和隔板……

回忆起汽油箱，就会回忆起我们的书桌
我曾趴在上面写字，这一只只洋油箱，因价廉物美
成为了联大师生的书桌和隔板
它的妙用可成为凳，亦可做书柜……
在点着洋蜡读书的夜晚，我们的宿舍里
有汽油箱做的书柜、书桌，它可以代替墙壁
汽油箱成为了我们联大实用的家具
这一只只汽油箱，简易而充满质感

为我们提供了艰难时期居所中的实用性
我们坐在书柜、书桌前读书
哪怕战乱在屋顶上空发出刺耳的声音
我们仍守候着这小小的房间
我相信，这是我一生中居住过的
最安心的房间，在这间屋子里
我们读书，将生命的初始磨砺着

3．蒙自城，吴宓和钱穆的合租房

蒙自城，显现在 1938 年初的天空下
显现在蒙自县城的法国领事馆周围的那一片土地上
显现在逃离的联大学子们的居所下
由于昆明住房紧张，文、法学院不得不向蒙自迁移
吴宓和钱穆合租的居所就出现在这一历史时期
每每吟唱着历史这个词汇，一股热流仿佛从地底
升起在茂密而荒芜人间的尽头，历史是一段
我们走过的路，历史也必然是从我们住过的
房间里散发并熄灭的灯火。每每在历史的记忆中
穿行，我的脚底下会触到泥与石砾的摩擦力
也会用眼光触到半空中飞行的翅膀

啊，脚底的摩擦和飞行的翅膀相互捆绑而穿越后
我们又回到了历史中分秒计数而流逝的时间
吴宓和钱穆的合租房就在蒙自的天空下
关于居所，在蒙自这样的分配学符号中
歌胪士是联大租用的教师宿舍之一
除此之外是领事馆，之外，还有潘光旦等教授
住在桂林街王姓的两进四合院的前院
冯友兰等教授则住在大井巷杜姓的四合院内
女生则住在早街周姓的三层楼……
吴宓和钱穆等教授则租住“红楼”
亦称“天南精舍”。何谓“天南精舍”
《吴宓日记》中写道：“有西式二层楼一所
红顶、黄壁，在一所围墙的菜园中
许多花木，缤纷斑斓，景色甚美
此房俗称红楼，原系法国人造，今归
李氏经管享有。李氏兄弟，为蒙自大族。”
此居所以联大教授吴宓为社长，浦江清为经理
并创建了一个小世界，共请佣人主管居所内
一切日常生活中的买菜做饭挑水送信等等
钱穆的《师友杂记》中写道：“余等七人各分居一室
三餐始集合，群推雨生为总指挥
三餐前，雨生挨室叩门叫唤，不得迟到
及结队避空袭，连续经旬，一切由雨声发号施令
俨如在军遇敌，众莫敢违，然亦感健身怡惰
得未曾有。”

4．闻一多的住居迁徙简录志

从 1938 年开始，闻一多的住居从昆明到蒙自
再从蒙自到昆明……1938 年对于
所有西南联大的师生们来说都是一场迁徙不定的
流离，这是发生在第二次世界大战中的
教育和知识分子精英们的迁徙史记
1938 年 5 月在闻一多的信札里
我读到了一个精英大师的
心态："蒙自环境不恶，书籍亦可要用
近日整理诗经旧稿，索性积极，对国家前途只抱乐观
前方一时之挫折，不足我气沮
因而坐废其学问上之努力也"
这一时期，闻一多隐居在蒙自南湖边
专心治学"除了吃饭上课"
闻一多隐居楼上，读书，研究古典文学
害怕下楼吃饭，害怕在吃饭时
面对战乱逸事，倾听到败北主义者的言论
闻一多再一次出现在我们面前
1938 年 8 月，这是暴雨过后的昆明城
闻一多妻子高孝贞携五个孩子及仆人赵妈直抵
昆明城头的一幕……闻一多一家住在福寿巷三号
这是一座多人合租的院子

遥想 1938 年 8 月的福寿巷三号楼
看上去洋溢着雨后的潮湿明亮
但不久以后，飞机来了，福寿巷三号楼
遭遇到了轰炸……全家只好迁到昆明城外
在每日警报不停的恶劣环境中
闻一多与华罗庚两家同居一屋
两家共 14 口人，在潮湿阴冷的 16 平方米的空间
中间使用一块花布遮挡，啊，联大教授之居所
在窄小的房间里，可以嗅到孩子们尿床的味道
屋子里摆满了脸盆、漱口缸、饭碗、尿罐等
生活的起居用品……之后，又迎来
1939 年暑假的缓慢时光，闻一多终于
迎来了休假的时光
迎来了全家迁至晋宁县避难的又一时光
晋宁城幽闭的帘幕，使闻一多一家获得了
安静中的短暂岁月
之后的 1940 年 6 月，闻一多再次携全家抵昆明
很显然，昆明是一个中心
哪怕日机的炸弹疯狂地朝下扔
昆明仍然充满着教育之梦的幻想力
正是这种力量，使大师们
不顾一切地带着书籍在逃亡

5．居于戏楼包厢中的金岳霖陈岱孙

居于不停的轰炸之中的联大教授们
从旧居再迁往新居，到处是残垣断壁
但只要生命存在，就依然携带着温热的生命体上路
日寇的敌机空袭，使得金岳霖在短期间
面临着好几次的迁离，金岳霖起先住在联大
租赁的昆明师专的楼层中，这三座南北两搂
都先后被轰炸，之后，金岳霖和几十个同事
又租住翠湖一民居，后两次遭遇轰炸
啊，轰炸是常有的，是战争的卑鄙与荒谬
每一场战争都要制造无数武器
武器这个词汇与黑暗和阴云密布的战争穿上了
同一条裤子，那是一条人类破烂不堪的裤子
在轰炸之中，我们的教授们携着简易的行李
箱子里的书在奔跑，行李很轻，书很重
地球上的书都很沉重，单本书的重量
像一块从岩石上落下的小石头，几十本书
搁在箱子里，像一块花岗岩石，如果是一屋子的书
就像一座巨石。人类需要书
是因为人类生活的蒙昧与幻想需要书来穿越
无论是古代和现代，著书者都是先知
在那一年，我看见了金岳霖陈岱孙迁往

清华航空研究所，从而再次租下了北门
唐家花园中的一座戏台之包厢
其中，金岳霖、陈岱孙、朱自清、李继侗、陈福田五人
合住在正中大包箱……这是一段漫长的居住期
大约六年时间……啊，时间，万能的时间
无所不在的时间之魔，我们的大师们
在时间的包厢中五六年……直到抗战结束
而在这五六年的时间里，到底有多少人间的
逸闻？每个大师出入的生活录都是现实的
它离不开起居，因为在起居中
是他们作为人生活在世界上
游离而出的一曲曲光芒或哀歌的叙述旋律

6．在古庙里同样能安居

从古至今，安居都是一个重大的现实问题
啊，我们从北而来，因战乱而寻找安居之乡
安居是为了教育，教育是为了读书
而读书是为了成人，成人是为了飞翔
安居对于万物都是一个鲜活的现实
当我们来到昆明，我们寻找着床或书桌
只要拥有这二者结合的现实境遇

我们就寻找到了付诸理想生活的摇篮
摇篮是悬于空中的，它让我们学会跳跃
从而亦学会了从低处到高空跳跃的历史
在战乱中，因为时空有限
我们又看到了这一幕又一幕
在黑龙潭的植物丛中有一间小屋
植物学家蔡希陶就是在这间小屋中
开始了他的植物研究的生涯
无数种名贵和野生的植物包围着那间小屋
蔡希陶历尽千辛万苦，创建了植物的避难所
直到今天，在黑龙潭的植物群体中
我寻访到那座小房间的门窗向着东南方向敞开
每天的每天，蔡希陶都走出小屋
去面对在战乱中扎根在昆明这座避难所的
万千植物之茎，正是它们的根须和茂密的枝干树叶
成就了一个植物学家的梦想
除此之外，光学专家严济慈带领北平研究所的员工
同样在黑龙潭的一座古庙里安居
这座古庙承载了那个时期军政部兵工署所需的
仪器生产任务，在最为艰难的年代里
为前线制造了五百架一千五百倍的显微镜
一千多台无线电发报机……
啊，安居，它当然需要有屋顶和四壁
需要有空气光亮和冥思者的小小空间
在一座潮湿的尼姑庵里，出现了

建筑学家梁思成、林徽因夫妇
在梁再冰的《我的妈妈林徽因》一文中
呈现出："我们住在麦地村一个尼姑庵中
庵里供着菩萨的大殿就是营造学社的画室
其侧室是刘致平先生的卧室。我们一家
住在同这个大殿呈直角的一间半房子中
妈妈带着我和弟弟住较大的一间
另外的半间（约六七平方米）被一分为二
后半部为外婆的卧室，前半部就是全家的起居室。"
就是在这样的安居中，梁思成和林徽因
开始了对古建筑的绘制、田野调查
开始了人生在战乱中的梦想之实践
践行之所以艰难，是因为它要在各种人生之途中
去战胜生命中的险境和魔鬼
在这一幕幕的安居之下出现了机械工程学家刘仙洲
在他的"一室之中，同住人猪鸡狗；十天之内
历经春夏秋冬"，在漫长的时间里
一件粗布长袍、一双黑布鞋……伴随他
完成了著名的《热工学》
在这一幕幕的安居之下出现了社会学家陶云逵
他走出了艰难的避难所，走向了云之边疆
在崇山峻岭深处的云南边疆民族居住地
探索着人类的足迹，倾心研究着民俗风物
并为此创办了边疆人文研究室和《边疆人文》杂志

7．在朱自清的居所里

居所是必需的，如果有必要，居所应该成为一座
家庭式图书馆，应该成为书写记录的密室
也应该成为奔跑和流亡者的避难所
避难和教育对于朱自清来说已贯穿一体
朱自清曾在 1939 年居所迁往梨烟村
七辆牛车和五个搬运工出现在整个迁居过程中
过程很短暂，但很快地完成了
在七辆牛车上装满了书籍、日用品和行李
就这样，时间静悄悄地在梨烟村过渡着
转眼就到了 1940 年夏天，朱自清的“轮休”开始了
由于战事扰乱了物价，朱自清同许多西南联大教授
都陷在经济危机中，难以再养家糊口
之后，他携妻陈竹隐和孩子迁到了成都
租下了东门外宋公桥报恩寺内旁院的三间小瓦房
这是一座安静的居所，在这一年里
朱自清隐于瓦房随同风声细雨而编写完了
两本国文的教材……之后，朱自清再次返回昆明
因为联大的教学又开始了，他又返回了梨烟村
在这座避难所又住了短暂时之后，又一次
面临着迁居……啊，无穷的迁居
还有缺食少衣的生活，这一切使朱自清更加清瘦
他在这段时间里完成了《毁灭》和《背影》

8．梁思成和林徽因筑屋记

筑屋是梁思成和林徽因的一种理想生活
我在昆明的郊外龙头村看到了这座房屋
遥想当年这对夫妇造屋时的场景
之前他们曾经历了好几次屋居的迁移
那是 1938 年 1 月，这个时节很多教授学子
都抵达了昆明。他们的跋涉无疑是人类教育史上的
长征。林徽因来到了昆明
在今天的今天，林徽因的名字依然
是 21 世纪中国的一个传说，她写下的文字
仍在人们的生活中被广泛地阅读着
她人生中历经的文学之旅和爱情的传说
滋润着一代又一代人的年华
1938 年 1 月中旬，林徽因租下了
巡津街尽头的一座“止园”
在这里，林徽因的身边成长着一对儿女
他们就是女儿梁再冰，儿子梁从诫
1939 年秋天，梁思成林徽因又一次迁居到了
昆明郊外麦地村的“光国庵”
这座光国庵还入住了另外几个研究古建筑的同人
林徽因一家三代就居住在一间半房子里
1940 年 5 月林徽因一家再次迁住到了

离麦地村两公里的龙头镇龙头村
今天的龙头村已经很繁华，我曾一次次
以步行或乘公交车的方式来到了梁思成林徽因的旧居
在春夏秋冬四个不同的季节里
我都会看到不同的景象
现在让我们读一封林徽因致费慰梅的信
信中写道：我们正在一个新建的农舍里安下家来
它位于昆明东北 8 公里处的一个小村边上
风景优美没有军事目标。邻接一条长堤
堤上长满如古画中的那种高大笔直的松树
我们的房子有三个大一点的房间
一间原则上归我用的厨房和一间空着的佣人房
因为不能保证这几个月都能用上佣人
尽管理论上我们还能请得起
但事实上超过了我们的支付能力（每月 70 美元左右）
出乎意料地，这所房子花了
比原先高三倍的价钱
所以原来就不多的积蓄都耗尽了
使思成处在一种可笑的窘迫之中
……在建房的最后阶段事情变得有些滑稽
虽然也让人兴奋……我们的房子
是最晚建成的，以致最后不得不为争取
每一块木板、每一块砖，乃至每一根钉子而奋斗
为了能够迁入这个甚至不足以“避风雨”的居所
这是中国的经典定义，你们想必听过思成的讲演

屋顶之下，我们得亲自帮忙运料
做木工和泥瓦匠。”读这些信札
会让我们感受梁思成林徽因造屋之艰难
艰难是每一个时代生命所面临的遭遇
而每一个时代的艰难都以负载灵魂和现实
从而改造着个人史的传说
梁思成和林徽因的房屋坐落在龙头村
在他们造屋后不久我们又在林徽因致费慰梅的信中
看到了这一幕：“这个春天，老金在我们房子的一边
添盖了一间耳房，这样，整个北总布胡同集体
就原封不动地搬到了这里
可天知道能维持多久。”是的，只有天知道
这座倾注着梁思成林徽因安房之梦乡的屋宇
能安居多久？时间是试金石
在这里，当梁思成林徽因一家人面对时间时
无疑是面对战乱中局事的大转折
转折就是在你命运中出现的
另一次契机，它将改变你的现实和方向
而在这个现实的意义里
转折就是撤离开原居住地
几个月以后的 11 日 29 日，随同教育部的调令
梁思成林徽因一家人随同中国营造学社
迁移到四川的一座小镇——李庄
开始了古建筑的另一番研究、调查……

第八章　民主和自由主义捍卫者闻一多先生

我从南渡的路上就见到了你，亲爱的闻一多先生……在艰辛的跋涉中，我看见你蓄起了胡须……你从书斋研究中走了出来，开始走向乡村和民众，走向了苦难中华芸芸大众的磨难，所有这一切造就了你对于民主和自由之路的坚守和追求。

不许阳光攒你的眼帘
不许清风刷上你的眉
无论谁都不许惊醒你
我吩咐山灵保护你睡

——闻一多《葬歌》

1. 我从南渡的路上就看见了你

我从南渡而来的路上就看见了你
因为我们是同一支队伍。那时候
在微风和春天的寒瑟中，你像一支火炬
从一开始，你就是我所看见的火炬
一支火炬穿过了春天的麦浪
在战火的硝烟之下，你始终走在前面
那支火炬在夜晚是一盏油灯
哪怕我们居住乡村学校、村舍
你在每个夜晚总会为自己点一盏明灯
我看见从你下榻处的木格窗户弥漫出的
一束灯光。而当白昼垂临时，你仍然是一支火炬
你走在前面，有时走在我们中间
你带领我们走访一座座祖国版图上的
村落。走访就是深入到一户户农户家庭生活中去
走访就是了解一亩地有多少小麦、大米

走访就是了解一户人家有多少条水牛、有多少只鸡鸭
走访就是体恤民情感知土地与人的血脉关系
走访让我们进一步地了解了祖国大地的贫瘠和荒凉
于是，我看见了你，闻一多先生
在你的眼眶中积蓄着无垠的忧思
一个民主壮士就这样诞生了
你从书斋中走了出来
走向了苦难中华芸芸大众的磨难
你走了出来，在南渡之旅中
由于天高路远，你蓄起了胡须
你就是你，闻一多先生
我看见了你，面颊上越来越长的胡须
被满路上的尘风吹拂着
你的身影忽儿被荒野所湮没
忽儿在一条生长着野草和庄稼地的山坡上
我们又抬头看见了你

2. 你好，闻一多先生

你好，闻一多先生
你来到了昆明，踏上了教育史上最壮美的

征程。很多次，当我们回首往事时
都会一次又一次地发现，是时间
是流动中载满流沙和清泉的时间
永载着我们心灵史册上的一次又一次的记忆
你好，闻一多先生
我又一次来到了西仓坡
这条路因为你而著名
如今的西仓坡是云南师大幼儿园
在春夏秋冬不同的四个季节中
都有年轻的爸爸妈妈们手牵孩小们的小手
从西仓坡步入幼儿园的绿色大门
你好，闻一多先生
祈愿你在长梦中安息
愿幼儿园孩子们的欢歌笑语陪伴你的梦乡
你好，闻一多先生
每次途经西仓坡，我都要手捧一束鲜花
春天，我会给你带去玫瑰花
我不知道亲爱的先生是否会喜欢玫瑰花
我祈愿春夏秋冬的玫瑰、百合、菊花、康乃馨
能让你在另一个世界上感知到花朵的绚烂
因为我也同时深信，这些世间的花朵
将寄寓着你的无限情怀，它们是你生的喜悦
也必将是死而再生的长相忆
每一次，当我在西仓坡驻足
我怀抱鲜花，在 21 世纪

你喋血的西仓坡，来往着天使与幽灵
他们途经你遇难之地
我深信，天使们途经此地是为了长出翅膀
飞得更远。而幽灵们途经你身边
是为了寻找到赎罪的灵堂
你好，先生，今天我又途经了西仓坡
阳光是多么的绚烂啊
我看见许许多多下班的人们从附近钱局街的
菜市场，买好了蔬菜，正在回家
我看见了附近的住宅楼，一只鸽子笼里
突然走出了三四只白色的鸽子
它们咕咕咕地叫唤着
我还看见了从一座阳台上的盆景深处
生长着一大片叶子花，那花朵艳红得像少女的爱情
你好，闻一多先生
在结束了历史与现实的沧桑图卷以后
重返西仓坡，只是为了再次回到你的理想生活之途

3. 随同 1944 年秋天的秋风秋叶之变换

1944 年秋天的西仓坡
是否预料到将有一场杀戮降临
西仓坡正沉浸在静静的时间中
1944 年的秋天，闻一多先生加入了中国民主同盟
这意味着闻一多将作为西南联大学者
投身于民主的潮流。民主在 1944 年的秋天
也是时代潮流的背景
在这个背景之下，闻一多先生走出了书斋
而在之前，书斋或育人就是闻一多先生的
理想生活。因为民主，闻一多先生正走出书斋
他的书斋在炮火中不断迁徙
尽管如此，书斋是闻一多先生读书写作的地方
随同 1944 年的秋风秋叶之变幻
我看见了闻一多先生朝书斋外信步走去
此时此刻，秋风突然猛烈地刮起来
闻一多先生加入了民盟
介绍人是罗隆基、潘大逵
在呼啸而来的秋风中
闻一多从书斋中践行着一名民主斗士的职责
闻一多先生，你将走向哪里

4. 从学者到民主斗士的身份演变了命运的交响曲

如果我是音乐人
我一定会为你谱一曲交响音乐
这首交响曲从南渡而来，你携带着箱子里的
书籍。啊，避难，避难，躯体面向西南
朝向芸芸众生中的一个村落一片平坝
再逾岩石小路，从灌木屏障中
将教育的理想载往西南边疆的滇池畔
避难于昆明，你的居所不断辗转
你躲过了一次次跑警报时日本人抛掷下的炸弹
然而，你却无法避开这劫难
因为你已选择了为民主而奋斗
奋斗，是另一个词语，就像你在茫茫长夜
走出了书斋。这是一生中最为重要的选择
我们择日，择命定的轮盘
择一生中朝着东西方向行走的角度
我们择日月交辉在心灵中的神秘时辰
我们择日择时，是为了迎接命运交响曲
你选择了民主斗士，那一夜
苍茫的祖国依然被黑喑似的幕布笼罩着
你走了出来，面朝苍茫的祖国
你择下了生命中一个激情澎湃的时刻

所谓奋斗，就是择下一个庄严的时刻
之后，将是用身躯为这个梦想践行的时刻
如果我是音乐人，将为你谱写这首交响乐
从一个长夜漫漫开始，你身穿长衫布衣
穿过了长廊台阶，我听见了你的
声言：“政治是一种事业，是教学
是一种生活的态度和人生的境界
政治是人类群体生活集中的表现
并以群体之爱作为基础。只有以群体为对象之爱
才是政治，尤其是民主政治的基本精神。”
在这曲交响乐中，我看见你无畏地置身在人群中
你告诉我们说：“我们愿意以这满是粉笔灰
毫无血腥气的手去扭转中国的历史
去促进中国民主政治的实现。”

5. 1946年7月15日，你倒下了

我们的人生在很多艰难时刻的选择
都不是唯一的。1946年，意味着西南联大的
教授们从昆明撤离，大多数教授们
已经开始了撤离……你却留了下来

你本可以选择并接受美国加利福尼亚大学的聘请
在 1946 年 6 月 20 日，你选择了昆明的民主运动
你将两张艰难求得的飞机票从抽屉中取出来
那两张飞机票上似乎弥漫着生与死的搏斗
而最终你将两张飞机票交给了孩子们
你转过身面对着夏日雷雨前闷热的天气
一种生死吟诵的漫歌仿佛在你的心底升起
你送走了该送走的亲眷、教授们
你送走了该送走的彷徨，直面着人生中的黑夜
1946 年 6 月，当反内战的浪潮铺天盖地而来
昆明城弥漫着乌云和闪电
尽管如此，以李公朴、闻一多为首的民主斗士
仍然在主持会议，以此向社会各界
陈述民主的精神和意义
啊，民主，在 1946 年 6 月
是你手中奋力握住的火炬
是一卷卷水浪直上云途的拷问
你不顾一切地走上前
前方是黑暗，那一束束时代的黑暗
远比你探索的“诗经”“楚辞”“周易”“尔雅”中的
时光之格律更幽暗，你不顾一切奔向前
你上了特务的黑名单
你的英勇激情，你那火热的胸膛
还有你那一双镜片下忧愤的目光
终于使你发出了悲戚的声音：“我不入地狱谁入地狱”

7 月 15 日，你依然不顾亲人劝阻
继续朝前走，你要走到那烈火深处去
你要随同那只火凤凰，一起去燃烧
在燃烧中获得再生……
我看到了你拍击着疼痛而热烈的
一双翅膀；我看到了那黑暗的时辰
你身穿黑灰色长衫，脚穿圆口布鞋
像往常一样，出发前，你将烟点上
你大口大口地吸烟，直到那黑色的烟叶味
抵达你的肺和心脏、抵达你引领民主自由的火炬
直到你看见烟丝变成了弹指下的灰
7 月 15 日上午，你参加了昆明学联
在云大致公堂的李公朴追悼会
你继续走上前，跃上了讲台
这是你生命中《最后一次演讲》
这是你生命中最后一次手举内心的火炬
这是你生命中最后一次闪烁着英勇而忧愤的目光
这是你生命中最后一次使用语言作为刀枪
这是你生命中最后一次告诫民众
“我们不怕死，我们有牺牲的精神”
这是你最后一次举步间，仰望着亲爱的
祖国山河，这个被千万里云层推动
而变幻莫测的祖国的容颜，使你走上前
你将在这个下午参加府甬道 14 号民主周刊社的
记者招待会，也正是这一时辰

你已被狡猾的特务盯上
特务们已经盯住了你的脊背
已经盯住了你那双黑色圆口布鞋之下
不顾一切朝前探索真理的脚步
下午 6 时左右，你的儿子闻立鹤陪同你
回联大西仓坡宿舍，你依然朝前走
子弹就在这个黄昏飞来了
子弹飞来了，子弹飞来了，飞来了……
你倒下地，你倒下去了
你身体中奔涌的热血突然像泉水般涌出来
你的儿子闻立鹤右腿断了，左腿也中了枪
你倒在滚滚血流下，你再也无法站起来
漫长时间过去了，你的纪念碑上有你的生平故事
有你的英勇和忧愤，有你朗读
《诗经》《楚辞》时的热泪
漫长的时间过去了，当我看见你时
依然又看见了你胸前的一束火炬

第九章　穿越中的西南联大挽歌

一个人的西南联大挽歌，也许是纤弱而微不足道的，尽管如此，通过它我终于有勇气历数从1938年南渡以后的个人心灵史，正是它使我重返我们的联大，从而追思遥远的一幕又一幕……一个人的西南联大挽歌，就这样来到了终曲之下，我的诗歌将到此谢幕，虽然缅怀是无尽头的，我还是要在此时此际站在这座孤独的舞台上，怀着悲怆而充满希望的心灵，在此谢幕！

1. 一个人的西南联大挽歌谢幕于南渡的开始

南渡于昆明，是一个梦的纯抒情诗
大凡梦书，都面临着长夜弥漫。只有面对黑夜
梦书才会打开。在我的联大挽歌中
讲述的是一个艰难而悲壮的梦
它又回到了此时此际，这是从枪雨回到落花的时辰
也是现实与梦穿越的时刻。在现实中
我的银发被冬日之微风轻拂着
我撑着手杖，一步一步地丈量着我的青春
它像一面个人的旗帜，引领我回首
每个人在一生中都意味着回首
我的个人回首史，面临着夜和昼的倾诉
我的手杖已发旧，自从耳鸣眼花的某一时辰
我就寻找到了拐杖，这副给予我探索世界的魔杖
而此时此际，我依然是西南联大的学生
在战乱中南渡而下，我穿过的军装、绑腿布

从箱子的底处呈现出时间的快和慢
很多时辰，我在低头间已抚平那些旧衣上的皱褶
我已再次穿上那些旧时代的衣装
我已追上了他们的脚步。在南渡的
脚步声声中，我们历练出了脚上的水泡
那些隆起在脚掌心上的一个个粉红色水泡
一次次经我们用针尖挑破，意味着
我们已再一次地缩短了距离。关于距离
除了用脚丈量外，最为重要的是用你的灵魂
一次次地逾越。我的灵魂与联大史
有着无可分离的关系，它的演变或逾越之途
只是为了更为真实地回到原初
原初，是渊薮，是细流到巨波的速度
我的原初，是炮火下我的蓝布花裙
是手拎着箱子，跟随我的青春
朝着西南方向一步步走来的脚印
在我的初心中，万物在战火的烟尘中生长着
一个人的初心永远伴随着生命的苦难
有初心的个人史会品尝到早来的渊源
那些渊源不仅仅是我们的生身之父母
也是我们的兄弟姐妹。除此外，山河日月
是我们的永恒之神谕，是我们身体中的
奔马和飞驰的雄鹰之图。此时此际
我又回到了原乡，西南联大的前校园里
有着轮回的再生学符号，我又寻找到了

西南联大的校训“刚毅坚卓”
回味这四个字帖中绵延不尽的人生理想
是我一生中最大的长梦

2. 一个人的西南联大和生死长离别

一个人的西南联大和生死长离别
是另一场叙事。人世间的过往之生命
都有他们的时间地址，从我们出世的
那一刻开始，叙事就像起伏的呼吸
朝着我们体外奔涌不息。这叙事
就像乳牙从嘴里一颗一颗长了出来
之后，让我们讶语。这叙事，穿过母乳之腹
也穿过了我们掌控语言的磁力
在西南联大我所经历的生死之谜中
有我与恋人的告别。如果说世界有告别与聚守
我与恋人之间却只有长离别。70 多年前
自从我们松开手的那一刹那，他就离开了
别离是人类历史中的生死场，也是一场场
战乱开始和终曲中最永恒的传唱。当生作为
我们从母腹中诞生，触摸到大地之苍茫水土

的根须时，死也在遥远的云端等待我们
生死之劫来往于我们的命运之途
就像我和他在多年以前的警报声中奔跑相遇
手与手的触电在战争的轰炸声中
像心底的彩虹从底处升向天空
为我们的青春和爱架起了一座金色的桥梁
从那一刻开始，我们就忽儿松手忽儿牵手
松手时，我们在读书的光阴中渡着年华
而牵手时我们通常在警报声中
将手伸给对方。哪怕光阴似箭
我仍在抓住他的手，他的手
那一双年轻的左手或右手
在通常情况下，他都会将左手伸给我
而我会将右手伸给他……
那是怎样的年华啊，我们的初恋
就开始于跑警报时候的牵手
我们曾对着天与地的存在默默地祈祷
只要生命善存，我们就永不分离
然而，飞机来了，我们的城开始坍塌
我们的人民在轰炸中逃亡着
飞机来了，战事越来越严峻
我在铁路以上的小山坡上等他
我站在有弹壳的小山坡等他
在这个迷离的生命瞬间，一桩事已将我们的
手松开。之后，我看见他穿上了

中国远征军服装，他比以往任何时候都显得英武
我们的手松开了，手松开了
在将近 70 多年的时光里，我在一个个彻夜未眠的
长离别中，总是禁不住回到我们松手的时刻
之后，是我们的离别，再之后，我收到了
他在缅北战场的阵亡书。啊，长离别
这是一幕永劫之舞台，是真正的
长离别……啊，长离别，长离别
而我们的手仿佛依然在松开后
又寻找到了那左手或右手的……牵手

3. 一个人的西南联大挽歌穿越过我们的校址

一个人的西南联大挽歌穿越过我们的校址
再一次回首校址，它的初始是一些零星的墙角
墙角很重要，它延伸出去成曲线
构成了高度。墙角的石头取制滇池外的群山之岩石
上面有红色的泥巴，还有时间那秘密的斑纹
我喜欢秘密的斑纹，是因为它是联系我
个人史的语言之家，是从空中飘忽过来的
无可确定，却始终等待我的庆典和祭祀

透过多层的斑纹，我的手可以抵达那些早来的
枝叶，它仿佛是一面面西南联大的旗帜
从南渡时，我们就挥舞并肩扛着这面旗帜
直到我们再创了我们的校园……
啊，校园，我又一次回到了你的怀抱
在你的诞生之中，有一幕幕战乱的里程
有大师们扑面而来的呼吸
我历数着时光，在伟大的时间里
时光是一只只魔杖，简言之，每个人
手中都有一只魔杖，在它挥舞之下
演变而出的是个人史和历史相逢的那一瞬间

4. 历史到底是一场怎样的演奏

在微颤的云幕之下，我又走到了校园中的联大路
它隐藏着无限的可能……在微尘中
我发现一只蝴蝶在飞，在它晶亮的一双翅膀下
我开始变得虚幻，当所有的虚无主义之梦
修补着我们的忧伤之怀时，路，仍然来到了
我们的脚下……我低下头，盯着这一条联大路
它不宽不窄，正好可以让我回首一路上

行军似的旋律。当我的脚越来越缓慢时
我知道优美轻快的脚下旋律早已离我远去
尽管如此，回首脚下发出的旋律是一件
美差事。当我低下头看见那些扎着马尾巴
以及披着长发的女学生奔跑在校园深处时
我安慰自己说，我也曾年轻过，上帝是公正的
我的青春史中有手拎箱子，穿着蓝花布裙的画面
我的青春随同南渡的队伍在乱世中撤离
啊，撤离，你们知道的，撤离对于青春来说
意味着什么？我的青春在快疾地跑
我曾经的青春在战火铁蹄下拎着箱子
跟随着我们的教授学子们在奔逃
我用我的青春见证了西南联大的前历史
历史，是一个怎样的词汇
是的，历史到底是一场怎样的演奏

5. 我身体中所接受的教育告诉我

教育，这个词汇发源于从拥有文字符号
所开始的编年史。对于我来说
我身体中所接受的教育就是当我满怀激情时

前去迎接的一个人给予我从低矮屋宇前
开始陪我成长的一个个来自世界的寓言
里面有金黄的落日也有月光的皎洁
我身体中所接受的教育就是当我在人生之旅
开始时，与我相遇的那些美好的
穿越在我人生中的村舍、古刹、流云和辽阔的地平线
我身体中所接受的教育就是那些扑面而来的
满山遍野的美，那些轮回再生之美
我身体中所获得的教育告诉我
醒来，不是为了赶路，而是为了栖息
就像书一样在书柜中寻找到位置
一万册书的位置，看似相同，却隔着田野山川
急流暗滩。醒来，有多少人在赶路
路的形状千奇百态，你所走过的路
正在走着的路，告诉你前方有什么
也同时叙述了你的一天或一生的命运
我身体中所接受的教育告诉我
在这茫茫的世景中
唯有从低处到高处
再从高处到低处的人生境遇
值得我们去倾力相爱
我身体中所接受的教育告诉我
生命是值得瞩目的
它也许是波澜和荒草相互缠葛之心
然而，它自始至终有一个飞的理由

它绕开了忧伤，或者在忧郁之中飞翔
在我们的身心里有许多个转瞬即逝的时刻
是属于飞翔的，唯有从苦难中历练出来的理想
带给我们纯粹的痛苦和快乐
我身体中所接受的教育告诉我
时光，亲爱的时光
如果你肯为我留下来
我愿意是风化岩，我愿意是一架缝纫机的密织声
我也愿意轮回为风或燕子
我身体中所接受的教育告诉我
可以是美的，也可以是丑的
也可以是自由而禁锢的
诗歌的意义，诗人的再生与死亡
就像历史和空气，扑动羽翼，就像种子落下大地
我身体中所接受的教育告诉我
面对那么多，那么多失去的时间和爱
失眠是美妙的，因为可以
——在广大深远的黑暗之天宇仰头细数星星

6. 诗挽歌：永恒的西南联大之梦

联大梦，是一双双鞋子
那是黑色的圆口布鞋，是母亲一针一线
在黑暗中赶制的布鞋。从那个古老的前夜开始
我们古老的祖先已经发明了针线活计
从而发明了裁剪的艺术。从一双圆口布鞋开始
联大教授学子们开始了教育梦想的长旅
一双双布鞋，渡过了水岸
那时的水岸和码头上弥漫着乌烟瘴气
弥漫着灰色的枪口散发的子弹的呼啸
尽管子弹在飞，子弹在飞
子弹在头顶上空嗖嗖地飞
子弹在写满汉语的卷帙上飞
子弹也在我们的胳膊上下飞
而我们穿着祖国母亲用手工纳制的一双双
黑色布鞋在子弹呼啸的战争年代中正在南渡
联大梦，是一只只沉重的手提箱子
从惊梦开始，我们就将亲爱的纸质书
一本本依照顺序往箱子里放
书籍是古代传承而来的阶梯
人类的每一个故事和神话
都再生于每一部神秘的书体笔记中

我们知道，国不可以亡，灵魂不可以失去书籍
每一本书中都有巨龙在翱翔
有猛兽们在原始森林中筑造着奇异的乐园
每本书都通往神圣的宫殿
也必将载我们虚度人生春秋编织中的年华
当我们手拎沉重的箱子来到码头和荒野
我们从码头再上船，从此便看见了惊涛翻滚的
远方。在我们的梦深处，船帆正迎风飘扬
梦正破开战乱的硝烟，我们要到后方去
我们要南渡到彩云的故乡去
我们直面荒野，紧跟着一只只天鹅
我们跟上了天鹅的翅膀，这一双双虚无主义的
乳白色的翅膀……我们不害怕子弹飞
我们拎着箱子里的书籍在飞翔
联大梦，是筑居于滇池畔的校园
是在建筑大师梁思成手下绘制而成的
一座座素朴的校舍。是在跑警报声中的
读书与研究，是修行生命的时光
联大梦，就是在战乱年代
筑铸了知识分子精英们的一个个传奇符号
哪怕乌云滚滚，联大教授们
仍隐蔽在低矮的残壁中，点上一盏灯
蜷缩在内心灿烂的星宿之下
书写着鹰飞翔的天空，农人盘桓的沃土
燕子筑巢的屋檐，巨石耸立的高山

联大梦，就是一代人的勇敢和担当
就是徒步三千、流亡万里的长梦
就是国立西南联合大学的校址
就是捐躯赴国难的名册录
就是西南联大的英烈纪念碑
就是闻一多先生的最后一次演讲
联大梦，就是“刚毅坚卓”的校训
就是一代又一代绵延不尽的教育之梦想
永恒的西南联大之梦
像一团云，就在我眼前变幻
因为你就是原野、山川、巨流
你就是我年华中的繁花凋零又再生
你就是在春夏和秋冬中传来的一场又一场朗读
你就是云端上飞的天鹅，森林中变幻无穷的孔雀
所以，我爱你，永远爱你

第十章　中国远征军第一次出缅记

西南联大，在短短的六年历史上曾掀起过三次从军热潮。第一次出现在抗战初期，一些同学投笔从戎，或投身前线，或到敌后参加各种抗战工作。第二次出现于 1942 年太平洋战争爆发前后，为协助中国空军美国志愿航空大队，部分外文系同学参加征调，担任英文翻译。第三次是为配合 1943 年中国远征军第二次入缅作战，政府征调 1944 级体格检查合格的所有男同学，工作也是充任美军译员。

1

一直想有这样的机会，回到 70 多年以前，回到那个暗夜
如果天有多么黑，我的嘴唇、发丝、诗歌、足踝、双臂就会有多么黑。因为黑，永远是战争的源头。我一直在黑色的箭头下出发，穿过 21 世纪的虚伪冷漠，穿过那些人造心脏的宣言
穿过遗忘，尽管这遗忘是天性，我还是要力图穿过它的长廊
我以我自己的方式，正在穿过玻璃大厦的结构，穿过那些满城的谎言，贪婪像巨蟒般舞动的 21 世纪。
就这样，我来到了缅北
站在热气荡漾的中缅边境口，我的身体已经回到了
一团热浪深处， 它托起我将使我经历一种创痛的开始
因为战争，我的嘴唇开始变黑，这是硝烟之黑，战火之黑
这是我被战争所诱引之黑。它是一曲以黑色为主调的挽歌
将带我沉入那黑色的远方，噢，远方就是中国远征军
为生死之谜而赴约之地。远方，有子弹在飞，有子弹在飞

那嗖嗖穿过的子弹，确实在飞，像沉重的眼泪在飞
我以我个人的力量在飞，只有当我飞到子弹穿过的缅北
我的肉身才可能飞到子弹前面，只有飞扑在热浪之下
我的肉身才可能寻找到子弹寻找的敌人。因此，我在飞
21 世纪的缅北遍地是商品，像我的祖国，商品
已经堆集到灵魂的出口，阻止了天下人自由自在的飞行
此刻，我在飞行，我想寻访到那些子弹穿过的热浪涛涛

2

天幕中出现了中国远征军，这是一支出现在夜幕最黑的
热谷中的军队，他们抵达之地已被掀起第二次世界大战的
来自日本军国主义者的战刀挑开。战争是用锋刃掠开后的舞台
每次战争都与掠夺和侵略相关，因此，战争就是毁灭
在毁灭和进攻中将有更多人死于子弹的穿越中。这穿越声
使滇缅公路暗藏着玄机，我知道那玄机，那些比死亡更惆怅的
是什么？你们知道滇缅公路是一条什么样的路吗
筑路劳工的死亡书铺满了它的开始或末尾，而此刻
有书载：“我军陆续由此入缅，军运全用卡车，每车载 25 至 30 人
马则 4 匹，日常军需甚多……”这一天又一天
苍茫无垠的高山峻岭深处弯曲而凛冽的路况辗转出满面的尘埃
在尘埃之上的将士们，同样是满面的尘屑和奔赴的壮志

这些壮志之下铺展而去的形状就像一条条缅北湿热森林中
脱颖而出的巨蟒，它们披载着满身的星月和灼热的心跳而去
直到今日，我仍能在这条著名的滇缅公路上
触抚到那些从无数尘埃和野生灌木丛中蔓生出的心跳
那是一个人的心跳，一群人的心跳，比如一只鸟一群众鸟的
心跳。这心跳声未在战史中有过任何记载，历史从未将心跳声
记录在案。我想在此刻，借助于那些纷乱的尘屑
划破地平线的刹那间，倾听到一个人或一群将士的心跳
尽管泪水已经蒙蔽了我的视线，我仍想追赶上那个季节的心跳

3

那些越过了尘屑的心跳将越过泛黄的卷书，那些没有紫气纵
横的远景
被一阵又一阵透不过气来的心跳，弥漫之后，我想看到
中国远征军的舌头，那些属于连接着红色心脏的舌头
保持着足够的沉默。因为，这些用于言说的舌头，只为了
在战场上去喊叫。因而，我所看到的舌头，全部都呈隐形的
飞翔，呈现出河流上空如影随形的飞翔，沉默于云絮之上
沉默于 21 世纪的星辰之上。这就是我捕捉到的
云里雾里的玄机之一。而此刻，当我正在伸出我的舌头时

我证明我在活着，当我的舌头活着时，我的言词也在活着
所以，我使用我的言词在追赶着前面滚滚激荡的热浪
追赶着中国远征军将士们充满温度的舌头挟裹在远天之外
噢，缅甸，中国远征军正在出缅甸，出缅甸
这个拥有森林玉石的国家在哪里？隔着遗忘之梦
我的触觉，以一个诗人的名义，可以触到那些70多年前由隐形
到喊叫的舌头吗？这些缄默的舌头，直抵第二次世界大战的
缅北，直抵我心头的一场纠结，直抵我尽头的一场荒凉
直抵我的追忆，现在，我抬起头来，看到了中国远征军的戎装
看到了那些从古至今的戎装上的黄，草木和秋色般的黄
不是绚烂的黄，也不是尘埃般的黄，而是壮士和英勇的
那种黄。黄色裹紧了这支神秘出境军队的上半身身躯
裹紧了足踝。而舌头，唯有最柔软的舌头还没到达叫喊的时辰

4

传说中的中国远征军士兵们大多数都脚穿草鞋赴缅
是的，我看到了用中国乡野间的茅草或稻草
编织的草鞋。我知道中国工农红军爬雪山过草地时
脚上穿的也是草鞋，因为草鞋是我们国家的土地上最旺盛的
野草和稻草的编织体。因为穿上草鞋可以离我们的爹娘更近一些

可以离我们故土的星月更近一些。因为穿上草鞋可以更轻快地
抵达战场，可以纵横中越过壕沟，可以勇往直前
传说中的中国远征军就这样穿上草鞋来到了亚洲的主战场
那时刻，无论是穿草鞋的、穿胶鞋的穿皮鞋的将士们
脸上都充满了英勇赴战的豪情，尽管每个人都知道
赴战者生死未卜。我知道占卜术，多少年来
我身边一直有《易经》相伴，它是我与时间和命运
结盟中的亲密伙伴。因此，我深信
每一个人的命都是生死未卜的神学符咒，都有相依相随的
金线银线萦绕不息。而此刻，赴战者就在层层叠叠的热浪中
每个人都忘记了生死之谜，因为只有在忘记生死之谜时
才可能利用穿着草鞋的脚，穿过生死两茫茫的地平线
这是脚下穿越的前奏曲，中国远征军第 5 军的先头部队
已从滇西边境的畹町到达了腊戌。之后，是东吁
之后的第二天，仰光已陷落。啊，陷落，就像是一座城的灵魂
倏然间，从头顶到脚下的惊慌失措。之后，是一场梦魇

5

布防战争，在今天的21世纪已经逐次消失于口语和生活的
层面上。我早就已经滋生并挥之不尽的忧伤
在今天的语词中将结出新的痕迹。从中国远征军入缅布防开始
我将用诗篇去寻访到生死之谜战争舞台的传记
传说，这个词源于我们灵魂领域中那秘密的巢穴
或者源于一曲飘忽不定的歌谣。此刻，热浪涌过我面颊
我寻找，为另一个自我的前世追踪，为了我眼前的祭典
中国远征军已经布防仰光，这是滇缅路的入口处
这是一个穴道，仰光丧失，就意味着滇缅路失去了魔法口令
今天的我，来到了仰光，西斜的光泽移动着往昔的光阴
在这光阴中，是否移动着中国远征军的足履
来自中国滇西的足履，破密林，劈开深幽的江河已步步逼近
这热带水果的深穴。而此刻，从满街的异域水果花篮中
散发出榴梿、波萝蜜的奇香。啊，这世间之味
让我去何处探测70多年以前在那个暗夜对仰光的布防
那些抵挡第二次世界大战中的第一道堡垒啊
我对于堡垒的执迷，源于白蚁的宫殿，在辽阔的滇西
到处都是白蚁筑造的深宫；在我书房中，也有我的堡垒
除此外，每一只鸟飞翔处都是枝叶繁茂中的堡垒
每个人用其一生都在建造着供个人心灵出入的堡垒
一场战争的开始不知道要多少道堡垒又要摧毁多少道堡垒

6

布防于同古，是因为同古是位于仰光和曼德勒之间的一大城市
在它们相互的挟持中，水生出水，叶簇拥着叶，屏障生出屏障
之后是棠吉，在它果实般的腹地上，缔结出了公路铁路
通往塔泽，铁路衔接着仰光和曼德勒
公路还连接着景栋和腊戍
布防于曼德勒，是因为曼德勒从缅甸中部脱颖而出
在它那西倚伊洛瓦底江的岸上有激流，东依东加亲山脉余支的
是屏障，在激流和屏障中的曼德勒城已沦陷
布防于腊戍，是因为腊戍是入缅中国远征军的基地
为缅北通往中国滇西的主要门户
缅北的腊戍啊，有起伏的腹地，装满了中国远征军的抱负
救命的粮食和弹药。布防于密支那，是因为密支那
位于伊洛瓦底江的上游，高黎贡山的西麓
其地理位置，显示出了中国远征军的后退之路
布防于密支那，意味着中国远征军已将密支那的
特殊战略谋图预见。从布防仰光、同古、棠吉、曼德勒、腊戍
密支那的路上，我掌心中央仿佛被一场充满生死之谜的卜告术
笼罩着。它用纹理中推动的波澜，助我在缅北
造访我内心最猛烈的痛，造访子弹到底能不能击穿肉体的拷问
造访黑夜深处的曼德勒的布防图卷。而此刻，一个着裙的缅北
美人，吸着香烟，我想起了金三角坡地上大片红色罂粟花

我想起了大麻、鸦片、白粉。而我抬头，我陷入了最深的战乱
我陷入了生死之恋的炉膛，我陷入了红色和黑色的长调中去

7

那场最深的战乱已在我骨头中成为史前的寓言，我不能偏离它
是因为我爱上了诗歌。是诗歌使我在滇西发现了战争遗梦
就像我幼年是滇西蝴蝶让我发现了蝴蝶的标本，从而让我
成了诗人。我正穿过曼德勒城，我穿衣穿鞋是为了在世间
停留或涣散于爱和谜语。我追寻战乱是为了赴约于光阴
给予我的造化和梦书。我在曼德勒城回到了 60 多年前的沦陷
只有在这里我会与折磨我的那个人相遇，爱情不是用来聚守的
也不是用来繁衍生殖的。爱情被灵魂所熔炼，必被灵魂牵引于
云之上，雾之间，必被灵魂用来制造生离死别的盛宴
爱情让我来到了曼德勒，在幻觉和理念的双重帷幕间
我需要云絮升腾的幻觉，替我寻找到孙立人将军的再生
我也需要石头般的理念，替我在人间复述清楚爱的涅槃
噢，因为战争，孙立人将军来到了曼德勒
他着中国远征军将军服，我一直在研究那军服下他身体中的弹片
据传说，他身体中已经布满了弹孔。我曾为那些莫名的弹孔
哭泣过。此刻，眼前是 60 多年前曼德勒城的残垣断壁

孙立人将军走过来了，这是 60 多年前。恍若隔世也是一种
美学，它载满世间的虚空，尽管如此，在那一夜
曼德勒城最破碎之夜，我看到了孙立人将军充满骨感的脸
我看到了一场爱情的风暴。我看到了一个逝者的永生
我看到了由我开始的一场醉生梦死者的远行和思念

8

生离或死别，始终是我最依恋之美学。即使我操纵着剪刀
也无法将舞台上荡起的这一幕的忧伤剪断，在风起的又一层
热浪中，此刻，让我正视中国远征军的武器，今天的我们
已经无法追赶上一个古代狩猎人用弓弩追赶到的那只猛兽
我曾经在一家关于古哀牢王国的博物馆，久久地凝视
那只几十个世纪之前的弓弩，我似乎倾听到了那弓弩
顷刻间风化的声音。我也曾经在风生水起的洱海边寻访过
南诏王的弓箭。从弓弩到剑的演变再到子弹上膛的时刻
因为人类的杀戮，激活了一个世纪又一个世纪的武器发明者
人类以发明适宜人间的各种游戏器物而名世
啊，从最古老的新石器时代所熔炼的青铜刀剑开始
我认识了淬于火的仇恨和爱恋的人语声声
我透过史前的战乱，透过从亚麻布的帷幕中初露出的人类杀机

听到了苹果坠地的声音，看到了秋橘被劈开的泣泪
正是这些东西发明了人类的武器，发明了一个世纪又一个世纪的
黑色蝙蝠侠式的角斗和碰撞。之后，是群蜂般的倾巢出动
是野兽般的号叫，所有这些都意味着中国远征军肩头的武器
要敛集继往开来的所有历史舞台上的秘史
要敛集天下人悬于心底的那一束束惊悚之寒光
要直抵人之身体要命处的那种尖锐之凛冽
要解决爱恨交织的立场要让子弹出膛要让炮火弥漫开去

9

现在，我要掠开战争的幕布，那沉重的幕布
那比缅甸玉更沉重的时刻已近在帘下，近在我透过的时空外
尽管时空就是空得让人发怵的嘘声，从这嘘声中落下的
是梨花一样的白，那白经过周转不息的暗夜之后
是发黄的白，像所有旧日子一样的白。幕布下是中国远征军的脸
这一张张年轻的脸，出自产生汉字之国家的面孔，它们发黄
是因为那是土地的褐色，是来自中国老皇历布满隐喻之美的黄
而此刻，这些年轻的面孔将古老的中国隐喻带到了缅北
带到了彪关河流域，中国第 5 军第 200 师兵团和步兵工兵
来到了彪关河担任警戒。天色以黎明和黄昏之间的分界线

划出了世间的阴阳之交，划出了我所捕捉到的迷离
整个 2012 年，我都生活在要命的迷离之节令中
我以我虚幻之触角在苍茫以上，够到了梨花的白
那些炫目的白，足够让我领略时间之暗夜的满屋凋零
水就在炉上沸腾着，橘树就在山坡上暗自生涩和成熟着
而我却已经来到了彪关河，知晓中国远征军出缅者都能分晓
彪关河前哨战的记载。在一条河的周围，将发生什么
我们知道中国远征军出缅又是为了什么？现在，我看见了日军
他们长驱而来，穿过海洋上岸，想征服内陆之岸上的国家
他们穿着军靴而来，穿过了缅甸的地下矿产已来到了彪关河
那些轰隆过来的车辆来到桥上时，顿然间随大桥陷落

10

这遗梦正从我的呼吸声中穿越而去，它们已随一场战役
在飘荡。只有在这个时辰，我可以咀嚼从我心腹间深深垂落的
那些早逝的梦境。我可以仔细地端详一座桥梁上的敌人
是谁发明了敌人这个词汇？是口腔上的舌尖？还是冰天雪地的冷
是谁发明了敌人这个词汇？是热烈的爱与恨？还是难以
忍受的燥热？是谁发明了敌人这个词汇？是细雨淅沥中的晶莹
还是抽刀断水水更流的风景？是谁发明了敌人这个词汇

是惆怅的催眠术？还是芒麦上的针尖？是彷徨的时间
还是明镜照耀下的词语？很长的时间，在缅北，我所看到的
都是我们的敌人，就像在彪关河我看到了成批的敌人倒下去
在 1942 年 3 月 20 日的彪关河北岸，第 200 师先遣部队
与日军 1000 余人发生了遭遇战。噢，遭遇到战争的人们
他们也许就是相互的敌人。这些遭遇使两个国家的将士
在河的北岸相遇，他们用刺刀机遇，用猩红奔溅的热血相遇
用捍卫和践踏来相遇。几十次的遭遇战争中倒下去了又一批人
彪关河战役使中国远征军挫败了日军的骄气，有 500 多日军
倒了下去。这次战役捕获到了日军的军用地图，这摊开的
地图上的侵略符号，仿佛想一口气吞噬热气腾腾的美食
这就是战争的潜符号。只有在这个云南的初秋，我领略了战争
内心又回到了中国远征军的远征，回到了热风荡涤下
那些汗淋淋的战争，回到了来不及喘息的夜晚

11

一个人只有在光阴中虚度过，虚度完真正的青春年华以后
才会爱上布满疤迹的身体，爱上苦难和遭遇黑暗统治的岁月
爱上洒满鲜血的玫瑰与刺， 爱上勇敢复述在生与死
摧残中升起的伟大而辽阔的时间。我就是这样的人

此刻，再一次地，我用牙齿咬住了舌尖上的痛
那些从阴郁中感知光芒来之不易的痛，那些切肤之痛
那些从中国远征军的一份份阵亡书中获悉哀愁的痛
在这个八月末的最后时辰，我呼唤于语词，因为语词
世界焕发出了时间的魔章。我来到了另一战役
这些战役距离我们确实太远了，远或近永远是一道风景
它的美，近在咫尺，远在天涯。它的美学消磨着我们的年华
而此刻，我的叙述重又翻过层层叠叠的险川
去缅北的路曾经是我用眼球感应的一道地平线
就像地球于我是一片绿洲一片沙漠，它们引领我
去造访人间的逸闻。我曾感慨万千复述的生与死就在前方
我叙事中蛇一样蜿蜒的，是奔涌奇崛的你们：我爱上了你们
我仰头聚首的你们，是一场我生命中的蛊惑：请你们爱上我吧
就像我爱上你们出膛的子弹。没有人告诉我，一个人
是怎样将子弹推出漆黑的枪口？也没有人可以告诉我
铸造黑色的铁到熔炼一支枪，到底需要多少秘诀
就像进入缅北的我，不知不觉已进入了东吁之战的长夜弥漫

12

在很长的时间里，我一直在坚持使用弥漫这个词汇
弥漫于我，是乐音师调音律的心节，它们为下一神曲准备好了
波澜，因为音律的前世就是一道道穿水而来的微澜
弥漫于我，是酿酒师的酒窖，它们在澜沧江之岸上
要下到底谷的深渊，才能酿制出醉生梦死者的迷宫
而此刻，弥漫于我，已来到了东吁，只因为东吁
是仰光至曼德勒的第一座大城，距曼德勒 200 公里
只因为东吁在战事中是曼德勒的一道重要屏障
在战争中屏障也就是我们的胸膛，世上所有人使用屏障之渊源
都是在复述我们身体的此处或他乡。它所抵达和造访处
又都是神出入的圣地，在这个初秋，我已在东吁落脚
各种商贾们在这座城占据了上好的风水，神在天上瞩目着
我在风口的旅馆里卜榻，我在风声中等待一场
滂沱大雨的来临。我在这座城寻找年仅 38 岁的
戴安澜将军的身影。雨已来临，这是我预想中的大雨
我要在东吁之战中，默诵戴安澜将军的遗嘱
我要请求大雨奏乐，这份卓尔不凡的遗嘱上写道："如师长战死
以副师长代之，副师长战死，以参谋长代之
参谋长战死，以某团团长代之。"
雨在窗外滂沱，我在这份将军的遗嘱中沉濡下去
仿佛这一生一世已获得了一部关于瑰丽的宝典

13

折磨我的依然是时间之谜，这神圣过往的时间只留下词曲墨宝
只留下了嘘声无数。东吁之战的 1942 年 3 月 18 日
日空军飞机 40 多架，分 3 次轰炸东吁
美丽的大城在大火中已变成瓦砾。今日我们城市
同样因遍地的拆迁而时时展现出一堆堆瓦砾
每每我的目光从瓦砾中下沉，就能触到灰一样的天空
在天空下，是压在箱子里的旧唱片发出沙哑的呻吟声
而在 70 多年前的东吁之战中的中国远征军 200 师
面对着日军的 12 门重炮，面对着坦克、装甲车的进攻
我看到了中国远征军抛出的一束束手榴弹
这已经是上好的武器。由于英方的拖延，由于道路的缓慢
由于战乱，中国远征军的武器、弹药、粮草一直滞留于后
这些缓慢，将使中国远征军的攻克一次次受挫
这是攻克之路，在后来的苍茫的高黎贡山
我看到了中国远征军的仰攻之路。而在缅北我看到了
悲壮的攻克之路。其攻克的姿态注定了将赴生与死
其攻克中的身体，中国远征军将士们的身体
就是拦住日军炮火子弹的屏障。在这幅图像中
我来到了东吁的疆场，正是在这里，一些人倒下了
一些人站立着再往前攻克。这里是东吁的鄂克春村
我见到了 38 岁的戴安澜将军，我读到了将军立下的遗嘱

14

从遗嘱之下可以再现穿过黑夜而来的子弹，那些毫不留情的
子弹它们可以射进颅内、心脏，从而要人的命
从遗嘱之下可以再现像马蜂样疯狂飞翔的弹片
那些穿过芒果树、波萝蜜的热带
那些让生命植茎毁灭的弹片；从遗嘱之下可以再现戴安澜将军
置身于东吁城战事中的时刻，一个将军将自己在忘我中
交给战争的一个时辰。生命是什么？我沿东吁城
来到了戴安澜将军率先立下遗嘱的地方，银色的月轮
仿佛像一把大提琴，仿佛让我仔细地体验生
也在感悟着死。那一夜，我似乎已逢着了草木的再生
自然也就逢着了将军的生，那是他 38 岁的年华
只见戴安澜将军亲临阵地，那如此美好的年华啊
我看见了他的手枪在密集的弹雨中射出了一颗又一颗子弹
我看见了他四周的战壕、机枪、手榴弹，狂风暴雨地
发射在敌人的心脏。那一夜，夜色沉寂下的东吁城外
有贩卖水果烟土日用品的小贩子们的车辆经过了我身边
那一夜，我看见一片昔日的战壕之上已是东吁的农贸市场
那一夜，我看见有最后一只战壕裸露在原野之外
那裸露，从里到外都是倾诉和缄默。我来到了它身边
仿佛它就是一座青铜，尽管它的身心长满了漫天飞舞的野草
我还是能通过它，寻找到戴安澜将军立遗嘱之地

立下遗嘱之后的戴安澜将军以纵横驰骋的姿态抵御着日军

15

尽管如此，东吁必失守，这是中国远征军的失利
因为英缅军一直让军心涣散于战争之外，在之前
他们就已不断地撤离，偏离了战争的核心区域
因为 200 师自开战以来，从未获得飞机的支援。飞机到哪里去了
飞机到了云层上的哪里去了？当日军使用飞机时
为什么没有飞机？由于日军先后攻克了仰光、勃生
东吁的空军基地，英国人的飞机消亡，而陈纳德将军的航空队
也同样撤至滇缅边境。所以，在 200 师作战的东吁城
也完全没有空中飞机的支援。这就是 20 世纪中叶的战争
这就是拼刺刀、洒热血的战争。200 师要抵御日军
第 55 师团、56 师团，还面临着第 33 师团由西向东的威逼
这是三面受困的险境。我每每与三角形相遇
就知这里有一个言之不尽的危境，在所有的角度中
只有三角形给予我这样的感受。所以，在此危境中我终于理解了
戴安澜将军立下遗嘱的悲壮，何谓遗嘱，它是将生命已交给
死亡的签证。在这里，遗嘱之下，是戴安澜将军为首的 200 师的
抵御。这是怎样的抵御啊，已艰苦作战 12 天，补给断绝

我一直在幻想，中国远军征作战 12 天的日子，他们在吃什么
在喝什么？这是一个折磨人的问题。尤其是在 21 世纪的今天
当所有人在抵制高血压、高血脂、高蛋白的全球健身运动中
我却在想象 200 师在吃什么喝什么？这个巨大的问题
让我感受到了饥饿之痛，有三天三夜，我一直梦见饥饿的战争

16

在关于高黎贡山的云层战争中，当日军剖开了中国远征军的
身体时发现了胃中唯一未消化的食物，就是几根野草
这个传说让我可以充分领略中国远征军的饥饿
由于 200 师面临着饥饿面临着被聚歼的危险
第 5 军军长杜聿明不顾史迪威的坚决反对，命令第 205 师
放弃东吁。于是，200 师的突围开始了
我们知道突围是什么吗？这是戴安澜将军 200 师的突围
在那个风吹东吁城的夜，200 师已向东吁以东突围
200 师已渡过了锡唐河，河水中映现出将士们的脸，之后
转瞬即逝。世界所有的美景和残局都以转瞬即逝而开始或结束
我在这个八月末获悉的新旧之间的逸闻也将转瞬即逝
包括我爱上的人或爱上我的人之踪影也将转瞬即逝
只有在转瞬即逝中，光明之美可以获得永恒的庇护

之后，是突围出东吁城的 200 师的命运，是日军获得的一座空城
突围中的 200 师，没有将一个中国远征军伤兵留在东吁
突围过去后，等待 200 师的又是什么？清晨又临，我窗外
是东吁城的一条街道的叫卖声，在晨曦后的一家古收藏店
我又看到了中国远征军的钢盔帽，店主笑眯眯地用缅语
诠释着这顶钢盔帽的故事。啊，追忆，绵绵心灵间的丝绸
所有讲故事者都拥有追忆者的情怀，我触抚着钢盔帽上的铁锈
顿然间埋下头，嗅到了一个中国远征军战士的汗渍味

17

此刻，我仍然在使用我自己的舌头，它是品尝生活的第一现场
是豁口，也是隐藏秘密和忧愁的发源地，正是它的在场
让我拥有了沉默和话语的权利。如今，我想陈述境外的热
还想在芭蕉叶片的掩饰下痛泣一场。又到了暮鼓晨钟的时刻
这篇逸闻将我带到了何处的钟声之下？又到了祈祷的时辰
我是否还在庙宇的圣殿祈香，让万个心结归于一结，让万种祈愿
归为一愿。又到了独自寻访缅北的一日，当怒江边岸的万朵木棉
盛放凋零以后，我心头的思绪，我肉身中的灵欲，是否已抵达
真正的虚怀若谷？在热带，漫天绿色藤架铺天盖地，你难以
确信在这片土地上，曾经死去了那么多人，你并不知晓

有哪一条路可以通向遗迹？其实所有的地方都深藏遗迹之谜
因为所有的地方并不是同一个地方，它们割裂开来
有的地方是峡谷，峡谷之上就有悬崖有恐惧和扑面而来的巨鹰
有的地方是江河，就一定会有惊涛骇浪以及在波浪中逆行的人
有的地方是平川，就潜藏着梦游者们的腹部就一定会让平川有浪
在我的舌头抵达之地，必有我爱上的人出现，这对于我
是遭遇，对于诗歌是抒情和隐喻。而此刻，没有人知道我
为什么要沿中国远征军出缅之路寻找遗迹。而我周身之外
到处都是遗迹，一只装满异果的篮子下就是前世的战场
一个热带妇女站在街市眺望时不知不觉已将前世的窗口看见
一片热浪织物时已裸露出了前世的爱与恨

18

曼德勒以南阻击战中出现了日军第 55 和 10 师团的几个联队
他们向北猛扑而来。在战争中，参战者们都在效仿着猛兽们的
狂走，那些不分昼夜的狂走，只为了捕猎和杀戮。在战争中
跑得最快的或跑得最慢的人，都有死的定数。60 多年前
世界还没有进入数字时代，记载战争死亡者的是满山遍野的
哀悯。我知道哀悯是地球宗教中最大的神曲，是这个疲惫的
星球上最原始而永恒的宗教。曼德勒以南阻击战中的日军

虽然拥有飞机、坦克和大炮的支援，仍然被中国远征军
第 22 师 66 团挫败。仍然以不足万人的兵力
抗击了拥有坦克 200 辆、大炮 200 门的日军 2 个师团
近 5 万人的兵力，以 18 天的激战，毙伤敌军 4500 人
当我默念着这些源自史料的记载，我所置身的时代
已进入了全球的数字化时代，在不费吹灰之力的情况下
你就会利用数字搜寻到一个春天在车祸中死去了多少人
你就会利用数字搜寻到一场矿难到底又死去了多少人
你就会利用数字搜寻到一场泥石流到底又死去了多少人
你就会利用数字搜寻到一场疫情到底又死去了多少人
你就会利用数字搜寻到一场海啸到底又死去了多少人
你就会利用数字搜寻到一场地震到底又死去了多少人
你就会利用数字搜寻到一场暴雨中到底又死去了多少人
你就会利用数字搜寻到春夏秋冬中死于心碎的有多少人

19

中国远征军出缅记，已萦绕我心头太长的时间
它让我从一场场短暂的爱情中脱身。一旦我抽身而出
我会比女妖们跑得更快。而一旦我陷入时间上的轨迹
我就会像女妖情迷于山水，情迷于时间的中途

我是谁？我出现在夜空下时，当然只是一束黯淡的吟唱
我追索有光泽的物体，有音律的妙品，我暗淡的生活
是终曲也是开始。如今，我又遇见了仁安羌大捷的传说
传说，不是从金属或玻璃大厦中说出来的，每每我与传说相遇
都是在民间，那充满村舍、灌木、秋橘和溪涧的民间
我喜欢民间的龙潭水，只有喝到这里的水，舌头会沁入甜意
我喜欢民间的饶舌，那些从地气、井栏和牧场冉冉上升的语言
我喜欢民间的姿态，它们像蛇一样自由地蜷曲或纵横着
因而，在传说中我又来到了仁安羌，这里的内热散发出
沙漠的干燥。仁安羌有油田，新 38 师师长孙立人将军又出现了
他是仁安羌大捷的灵魂者。当我说到灵魂，灵域已被打开
在打开的窗扉或檐角之下，万千候鸟有可能在此地筑巢
抒情的歌吟者有可能会在此地聚首，蹉跎不尽的细雨有可能
已渗透了我们的年华。就是在此境遇中，遇上心中爱慕的故人
是一件重大的事件。仁安羌大捷，中国远征军以不满 1000 人的
兵力，击败了 10 倍于己的日军，救出了 10 倍于
己的英军。我在此停留，故人已远去，故人已远去

20

故人已远去，这是一番怎样的场景？在远逝的世界里
我们只是缅怀和追寻者。故人已远去，他们像燕子一样身心轻盈
抵达的不再是人间的渊源。故人已远去，春夏秋冬的演变
不再阻碍他们的飞行之旅，亦不再使他们的心绪弥漫着霜雪
故人已远去，我仍迷恋纸上的虚构和想象，眼前的一场细雨
就会滋养我再生的土地。故人已远去，战乱的屏障，危机四伏的
狼烟，马蹄下的血色，纵横的将士已一去不复返。故人已远去
一场秋雨一场冬，漫卷下的驿路已模糊不堪，邮寄的纸笺已被
封口。故人已远去，“人生若只如初见”，我又在此邂逅了
心中爱慕者的一个春天。故人已远去，微澜溅湿后又退下
微澜已退出了我心中的堤岸。故人已远去，西去的鹤很多
不知道哪一只白鹤曾是我的密友。故人已远去，一年四季中
我最挚爱的是春秋的文字，不知道它们在何处漫游
故人已远去，明净的天宇，麦穗稻浪的天下是否仍保留了
你从前的乡音。故人已远去，今朝有酒今朝醉，哪一只杯中
倒映着旧时的一轮圆月。故人已远去，我的足履间
有满布的灰尘、有偶然的爱意弥漫。故人已远去
知我者在哪里的窗下织物。故人已远去，哪一片秘笺之下
有我聚守的田园物语。故人已远去，无限的疆场
已不再是你豪情壮志下的世界。故人已远去，又到了细数落花的
光景，我的心又开始绵长追远。故人已远去
昔日景，难以追，昔日之爱，难以再缠绵

21

尽管故人已远去，我辈仍在追索缅怀。此刻，仁安恙大捷
已拉下幕布，孙立人将军由于仁安羌援救英军卓越的战功
荣获“英帝国司令”勋章和美国的丰功勋章。在腾冲，云南作家
潘灵曾跟我讲述将写的小说《勋章》的故事，那故事产生于
细雨朦胧中的和顺乡。此刻，我又面对孙立人将军的勋章及忧患
尽管故人远去，我还是能将目光穿越在仁安羌大捷后的幕后
英军已开始大面积地撤离，他们已放弃缅甸向印度转移
这是一个让历史悲哀的现实。英军经历了一系列的磨难后
违背了中英的防御法则，这将使中国远征军陷入更深的危机
当今年的橘子重又出现在眼帘下，说明秋气已经越来越近地
逼近了窗帘。秋色是用来呈现硕果的，也是用来标志成熟的
成熟是什么？我看到了中国远征军功勋章里的成熟
我也看到了忧伤。秋色给予我们的是芳菲也是质疑
永恒的矛盾推动着季节的轮回。我由此看到了中国远征军的
铁血远征，泪眼再次模糊了今年的秋天。啊，秋天
我的窗外飞来的是什么样的落英？在落英下我们是否会
感知飘零的滋味？在舌尖品尝滋味时灵魂是否会飞起来
飞，满世界的落英都在飞行，这就是秋天。此刻，亲爱的将士们
又到了哪里？如果生死之谜是一个问题，那么，我要会见
哪一位先知，才能诠释谜底。风，又荡开了中国远征军的嘴唇
那被战火熏裂的嘴唇，那为一曲绝唱而歌吟的嘴唇

22

半夜秋雨后，世界露出了原初的面容
被秋雨润湿后的大半个缅甸，露出了它稀有矿石般的宁静
我来到了这里，只有一个目的，用我的足履验证
人类的又一种尺度，这是一种什么样的尺度啊
我一直在走，以走的方式在丈量，随同彬马拉会战的流产
杜聿明遂下令第 200 师先期向北撤，中国远征军
已越来越深地陷入困境，日军之前已再次占领了仁安羌
满山遍野的敌人不顾一切地反扑，试图彻底覆灭
中国远征军，而此刻，200 师向北撤
沿八莫、南坎撤退……啊，撤退之路
已明确地显现出了中国远征军第一次远征的失败
失败，我们从出生后已经尝试够了太多太多的失败
几乎在每一种格局里都充斥着失败的滋味，只因为从火中熔炼
青铜器物需要尺度，这是火给予我们的尺度。只因为在水中泅渡
同样需要尺度，金木水火土给予了我们粮食、温度，夜与昼
同时给予了我们疼痛的肉身，之后，再给予了我们飞翔的灵魂
现在，到了我去面对中国远征军撤退之路的时刻
细雨如琴瑟，漫过出境之国的缅甸，漫过伊洛瓦底江
漫过中国远征军的败北之路，漫过了人类的江河之尺度

23

撤退意味着什么？我回过头去，看到了一张张面孔
他们的脸，又让我再一次地想起了青铜器物的熔炼
简言之，战争就是一次熔炼青铜器的过程。其火淬之速
必熔炼世间一切苦难之谜，成就一切罕见之圣器
在漆黑与明亮之间，我找到了撤退的路线
当我所看见的一张张面孔，从幕布上出现，就给了我
复述战争遗梦的勇气。他们疲惫而充满创伤的脸刚刚经历了
一只青铜器的历练，现在，又将回到炉火中去
回到战争的万劫之路，回到那一条条众说纷纭的撤退路
这里是东路远征军的撤退之路，在仁安羌
被解救的英缅军第 1 师第七装甲旅 7000 人
在解救后，已不再与中国远征军合作抗日开始向印度溃逃
这溃逃，必使日军蜂拥而来。日军迅速从西北来到了
曼德勒 _ 平满纳一线对中国远征军开始包围……之后
是中国远征军 55 师和 49 师的溃败
在萨尔温江之岸上，是中国远征军的撤退。之后的
1942 年 4 月 20 日后，日军开始将全部主力攻占腊戌
腊戌在地理中，是中国远征军进退的基地
因而，在此地屯集着大量的军需物质，而此刻的 27 日
通往腊戌的森林、灌木丛、公路和小路上已被日军的军队覆盖
在史迪威和罗卓英的布置之下，中国远征主力在曼德勒已撤退

24

腊戍必失守，它失守于人心歼灭，失守于只有 28 师一部分
中国远征军的守候。腊戍必失守，它失守于战争的恶，失守于
攻克和后退的茫茫无际。腊戍必失守，它失守于难以掌控于
手心又难以脱离开去的人间的白与黑。腊戍必失守，它失守于阴霾
失守于幽灵之家的绵延。腊戍必失守，它失守于盲目和执拗
失守于我们纠结不清的制度。腊戍必失守，它失守于湍急之澜
失守于反复无常的信念。腊戍必失守，它失守于哲学，失守于
黑暗与光明的交战和拥抱。腊戍必失守，它失守于沦陷
失守于等待和观望者的体系。腊戍必失守，它失守于眩晕失守于
轮盘之上的快与慢。腊戍必失守，它失守于荣辱，失守于
镜子的圆面和破碎的光阴。腊戍必失守，它失守于践踏和侵略
失守于无耻者的宣言。腊戍必失守，它失守于背叛和良知
失守于阴谋家的乐园。腊戍必失守，它失守于忠诚，失守于
伟大的惊叹号。腊戍必失守，它失守于军师参谋，失守于
卜占的魔圈失效。腊戍必失守，它失守于世界的花园和它的美学
失守于人类梦游时遇上的魔鬼。腊戍必失守，它失守于饶舌
失守于言说之罪。腊戍必失守，它失守于军令和戒律
失守于等级和身份的界线。腊戍必失守，它失守于约定
失守于悲壮的生死之笺。腊戍必失守，它失守于激流暗礁
失守于英勇的传说。腊戍必失守，它失守于战史
失守于弹药、战机、坦克的发明者，失守于人类的历史

25

啊，又遇到了秋雨，我一生热爱的细雨。忧郁伤骨，伤及
我活在世间的形体。唯有思想能穿过沙漠，尽管沙漠中只剩下了
虚无，尽管天下无人需要这般虚无，我还是要用探索之触
梦到你。翻过这一座山脉，就能进入你们撤退的领地
就能与你们的磨难相遇。我睁开了双眼，抖落睫毛上的雾露
抖落了内心经历的霜雪。只需漫长的一夜，我又重追上了你们的
踪影，之后，等待我的将是什么？我已看见了滇缅公路
这是一条用身体铺就的公路，路之源头，满载着身体的哀歌
满载着笨重的石碾滚过的血迹，满载着忧愤和死亡。而今天
滇缅公路上一片混乱，中国远征军的车辆、器材和伤残病员们
已开始大撤离。啊，撤离，在混乱的脚步声中，你已无法审度
战乱的尺度，你已无法像圣人那般将目光投向清澈的蓝天
你已无法申诉或像孩子般无助地哭泣。你就是你，你就是
这撤离中的你，溃败中的你自己。无论你失去了手臂和大腿
还是伤及了颅内和心肺，你只要有一口气，仍然需要撤离
还有大批缅甸华侨难民们也在撤离，这是一条逃亡之路
啊，逃之路，像这秋雨中的虚无，从远处沙漠中涌来的虚无
如此的境遇，是我一生中遇上的悲伤。之后，5 月 3 日日军
56 师侵入中国境内，攻占畹町。8 日，再攻占密支那
彻底截断了中国远征军由缅北回国的道路。随同腊戍、密支那
失守，中英联军在缅甸作战全局失利，日军进逼中国滇西

26

中国远征军的大撤离就在眼前：26 日，在曼德勒以南的
中国远征军开始撤退，由第 5 军新 22 师实施掩护
5 月 1 日，中国远征军第 5 军第 96 师撤出曼德勒
再经缅北的孟拱折向东，经葡萄、片马、泸水再退回国内……
撤离是什么？当然是朝后转动，就像黑麋鹿遇上了
人类的狩猎，所以它们必须朝着自己的老家，原始森林奔逃
就像雀鸟在飞行中遇上了空中射击手，所以它们必须直奔
更高远的天空，哪怕受创也要飞翔。就像爱情遇上了分离之路
所以，掉转头离去是必然的。就像我在此刻，遇上了秋雨
遇上了开窗以后，满地的落花，遇上了无法抵御的秋瑟
所以，我必须让自己学会凋零。在中国远征军撤离之路上
又遇到了死亡，那是 96 师副师长胡义宾、团长凌则民
在缅北转战中的阵亡。我紧跟上第 5 军军长杜聿明的军队
又一次来到了缅北，现在，我将直抵著名的野人山
杜聿明所率部队直想尽快地摆脱日军的追击，第 5 军向北绕道
这不是一场幼儿园游戏的绕道，而是一场生死魔圈
这里是缅北的孟拱，一座茫无边际的热带森林出现在眼前
它最先出现在杜聿明军长面前，他心已疲惫，只想尽快地
撤退到雨林深处去，他似乎已经看见了避难之地
透过那些油绿色的冠顶。不分昼夜的战争阻击和重创
使他开始选择了深入蛮荒的时刻，于是，野人山出现在眼前

27

孟拱以北就是连绵数百公里的亚热带丛林，因为出现了
中国远征军的传说，所以，简称为野人山。那一时刻
当杜聿明率部面对这片丛林时，就选择了直奔这避难之所的
理由，因为当空中飞来的追杀口令遇到了这人迹渺茫的蛮荒
必在空中失去杀机。因为当滚滚呼啸而来的硝烟弹片遇上了
这片巨大的屏障，必被它湮灭和挡住。就这样
杜聿明军长率部面对这浩荡的原始森林，抛下了沉重的车轭
抛下身体上的辎重，我不知道，是谁第一个走进了野人山
我猜不出到底是谁第一个闯进了野人山？那个人开辟出了
通往野人山的第一条道路，之后，是中国远征军进入了野人山
野人山以密织的动植物的羽毛织出了眼前铺天盖地的冠顶
那冠顶有多高，有多深邃？这是我探究不息的问题之一
野人山以湍急的经纬度海拔保持着与人类生活的距离
这距离有多远，有多迷离？这是我探究不息的问题之二
野人山以变幻莫测的诡谲捍卫着地球上最大的玄学体系
这玄学有多奇异，有多惊悚？这是我探究不息的问题之三
朝我奔来的野人山，在缅北。之前，我曾在腾冲明光的自治乡
一个暮色凝重的时刻，看到了山那边的野人山
之后，我就来到了缅北。啊，缅北，一个漫长的地带
一个异域之邦，一个未了的符号学， 一个让中国远征军
遭遇到磨难的异乡。我来到了缅北，来到了野人山的水深火热中

28

巨蟒、异兽们出入的野人山，突然涌进了那么多人
他们携带着军号、钢盔大刀、帽徽领章胸章、汉阳造的刺刀
驳壳枪等。他们是一支中国军队。起初是雾来了，雾雨中屏障
根本就看不到天与地的连接线，追杀的敌人终于消失了
他们在雾中前行，这是缅北著名的热带丛林
它因中国远征军的到来而名世。因为它的深处有比日军的追杀
更残酷的现实。杜聿明率部继续往雾雨深处走
带着突围之后的兴奋，但越往深处走，才发现根本就没有尽头
从玄学上讲，也许根本就没有人说得清野人山到底有多深
从数字上讲，也许根本就没有人说得清野人山有多少种蚊虫
从物种上讲，也许根本就没有人说得清野人山有多少种动物异兽
从疫情上讲，也许根本就没有人说得清野人山有多少种疫病
从恐怖上讲，也许根本就没有人说得清野人山有多少种惊悚事件
从撤离之路抵达野人山的中国远征军，首次遇上的是玄学中的
野人山的无边无际，当你满以为已快到边缘时，却遇上了更大
的屏障，这玄学让人眩晕，力疲惫
之后遇上的是野人山的物种
那些出入原始森林的巨蟒异兽们，以群体或家族式的繁衍
已在此地盘踞出了它们的王国，这物种让人生畏，让子弹虚弱
之后，是疫情在荒无人烟中的传播力，它让沿途的人马倒下
让人口吐白沫而丧生；之后，是恐怖的穿透力、死亡临前的咒语
带给你的是生不如死的念想，是穿越不透的窒息

29

要人命的缅北的雨季已提早到来，来到了野人山
被数之不清的热带雨林玄学、物种、疫情、恐怖所挟持的
中国远征军只带着三天的粮食，在补给断绝后饥饿来临
这是漫长的饥饿，因为中国远征军在野人山走了近三个月
饥饿于中国远征军，是怎样的现实，许多人走着走着倒下了
因为胃里再没有一点蠕动的食物，于是，胃囊迅速萎缩
之后，两眼发呆，供氧结束，血液不再畅流，这就是饥饿之死
再就是因沉疴而死，当中国远征军染上疫情又是怎样的现实
空气中到处是动植物和人死亡而腐烂的臭味，这加速了疫情的
传播力。人每每染体，血液会变黑，眼睛会失明，身体会瘫痪
死神们便乘虚而来。还有寒气弥漫，许多将士在这寒气中
遇上了死神的手再也无法脱身而出。还有因雨季而爆发的
电闪雷鸣。整个野人山只要一失去太阳光照，就像地狱之色
使视觉如此的灰暗。杜聿明军长同样染上了疫病
他在疫病通体时不断地让电台寻找向外联络的信号
他们依赖居住山林中的土著，也称野人，寻找着路线
终于，在最绝望的时刻，电台已向外界发出了求救指令
空援飞机从高空向中国远征军投下了一个星期的粮食和地图
中国远征军从 5 月 10 日到 7 月 25 日，在野人山穿巡了
地狱般的大撤退后，终于抵达了印度阿萨姆邦的雷多
终于结束了让后人无法细诉的苦难抵达了目的地

30

野人山，每个进入野人山的中国远征军都被蚂蟥
吮吸过血肉之躯，因为五月之雨季，是蚂蟥们在密林深处
猖獗挡道的时刻。再就是蚁群，很多士兵被饥饿折磨而昏倒时
往往是蚁群蜂拥而上的时刻，它们用强劲的吞噬术瓜分了肉身
只留下成堆的白骨……野人山，是我诗篇中最忧伤的
也是令我最虚弱的章节。1942 年 8 月，最后一名中国远征军
终于走出黑色的布满死魂灵的丛林，抵达了印度的雷多
据资料载，中国 10.4 万名远征军，战后不到 4 万人幸存
其中，有 1 万人死于战场，此外 5 万人都消亡于野人山丛林
噢，野人山的丛林在哪里？在里面，活下来的中国远征军
以万劫之后的再生，重又让嘴唇喝到了野人山外的泉水
而此刻，我的殇歌、我的嗓带都已沙哑，缅北野人山
给中国远征军带来了太多的悲劫和苦难，不久以后
我再次看到了中国远征军的第二次远征，那些漫长的
热带雨林蜕变成了日军的墓陵，这就是历史。我辗转处
也是最后一名中国士兵走出野人山的丛林口，我站在
出口处，仿佛感知到了那名士兵咬破双唇后迎接的曙色
尽管漫长的煎熬，让他的身心只剩下了骨架
我仍看见了他的生，那命若弦弓的生之后
是奔向另一个异域的印度雷多的聚集号，是众生的拥抱
今天的我，是多么想站在野人山的出口拥抱到这个战士

31

撤退之中的 200 师，又让我遇见了戴安澜将军，我的诗歌
将面临将军的阵亡。这是 200 师在缅北郎科地区
通过西保到摩合公路时遭遇到了潜伏于此地日军的攻击
时间是 5 月 18 日，这是被缅奸告密之后的一次残酷的圈击战
在彻夜的交战中，出现了一张张阵亡书，出现了黑夜的永诀
师参谋主任董干阵亡，599 团团长柳树人阵亡
599 团副团长刘杰阵亡，600 团团长刘吉汉阵亡
还有 599 团和 600 团的半数以上的战士阵亡
亲爱的戴安澜将军被流弹射伤，这是在雨季的大撤退中
戴安澜将军躺在担架上，伤口在恶化
在雨季的潮湿和炎热中不断恶化。噢，没有一片消炎药
没有外科医生没有粮食没有医院，伤口越来越恶化
之后，是高烧，伤口在恶化中进一步溃烂后必是高烧
尽管如此，活下来的中国远征军仍扛着担架在心急如焚中撤退
5 月 26 日，200 师已撤退到缅北茅邦村，我看到了离国境线
很近的山脉，山那边就是祖国。而此刻，没有一丝风
只有令人悲伤的窒息，年仅 38 岁的戴安澜将军躺在担架上
突然间失去了血脉的流动，突然间就终止了他生命的绝唱
我在这个秋天满眸的泪花中，细数着将军 38 岁的年华
我要细数尽我们亲爱的将军最热爱的春华秋实间的瑰丽之梦
然而，世上到底有哪一座瑰丽的乐园已将我们的将军

轮回于人间天上
我又看到了新38师的撤退，在仁安羌大捷后，新38师
出现在伊洛瓦底江两岸，掩护着英军和第5军主力的撤退
5月2日，38师仍在沿曼德勒至密支那的铁路北上
继续掩护英军和第5军撤退。5月8日，中国远征军
开始进一步的全线撤退，38师肩负着整个西路军的后卫
5月10日，38师在温佐经历了一昼夜血战后歼敌400人
5月13日，38师被日军2个师包围后开始沿羊肠小路撤退……
新38师终于在进入了苍茫辽远的巴豆开山脉后
摆脱了身后的追杀者。5月27日，师主力已到达了
印度边境的普拉村；6月8日，新38师撤退到了印度英帕尔
我又读到了美国总统罗斯福给孙立人将军的授勋辞："中国陆军
新编第38师师长孙立人将军于1942年缅甸战役中
在艰辛环境中，建立辉煌功绩……" 新38师以7000人的
中国远征军抵达了印度，保持了最为完整的形象
我又见到了孙立人将军，在抵达英帕尔之后，我看见了
他的戎装上的传说，正是那传说将我带往了缅北
现在，中国远征军的大撤离已结束。而秋天刚开始
英雄之殇荡开了我泪眼中的一幅幅出征之图，幕布已拉上
漫天飞舞的落英下，是21世纪的空心人和金属的对抗
啊，传说之殇，亦是我歌吟中最深的痛
中国远征军出入生死之谜的痛，是我诗歌中不眠之夜的黑暗和痛
而此刻，在秋雨中我将撤离缅北，这是一个人的撤离
我上了火车、汽车，我上了飞机，我下了飞机
我回到了亲爱的祖国，我撤回了它温热的腹部

我看到了怒江两岸的村庄，木棉树下的天堂
热烈的木棉树上我看到了最硕大而最红的那一朵花

西南联大的教育梦（后记）

1

我有幸成为云南师范大学文学院的特聘教授，同时真实地与原西南联大的校址发生了亲密的联系。人一生的梦想大都与教育相关。在我意识深处的教育之梦应该分为三段。

第一段，是在脱离母胎之后，从某种形而上学的意义上讲，我们在母胎里已经接受了母亲的胎教，子宫也是一座学校，我们在子宫里唯一的教师就是母亲，我们从小小的胚胎开始跟随母亲的身体在没有打开的窗户下伸腿时，我们已经开始跃跃欲试中与母亲分享音律了。教育之梦意味着在子宫里，我们已经接受了母亲带给我们的习性，有什么样的母亲就必定有什么样的教育。当然每个母亲的胎教方式不一样，胎教来自母亲的身份，我们可以想一想，一个乡村母亲的胎教与农事大地田野相关，她们的胎教是在不经意之中发生的，由于劳作，她们带着怀孕的身体从乡村向田野沃土走去，也就是说她们将子宫中的孩子带到了乡村小路上，带到了青麦起伏的田野上，这些子宫里的孩子从小就倾听到了空中飞鸟的振翅声，水牛在田野上行走的呼啸，野鸦们划过水面的声音，那是一种源自大自然的胎教……与此相反，一个生活在城市的母亲，她们会给予孩子们什么样的胎教呢？除了母亲们带回的磁带音乐，这些生长在窄小子宫中的孩子们，当然也会倾听到汽车胶轮的声音，还有金属物质的撞击声……有什么样的背景当然也就拥有什么样的胎教文化，无论如何，这些生活在子宫里的小精灵们，都会依倚母亲的文化职业身份，从而接受自然的胎教活动。

第二阶段，是从母亲身体中游离而出的另一个世界，很显然，相比母亲窄小的子宫，世界起来越敞亮了。在这个布满平地和台阶的世界上，天与地的光亮彼此相交喜迎着一个个精灵们的降临。从此刻开始，他们穿上了衣服，从浑身赤裸裸到穿上衣服，意味着生命的教育和戒律开始了。此阶段的第一个老师是孩子的父母，正是在父母的搀扶下，孩子们开始了走路。走路是教育的第一门学问，只有从孩子们的走路开始，教育之梦才会让孩子们区别小路大路、河岸与大海的距离，生命之梦是从学会走路开始的。就这样，孩子们进入了幼儿园，尽管幼儿园是人生的糖果屋和童话世界，却已经让孩子们开始了识字绘图教育……从此刻开始，教育之梦从幼儿园步入小学、初高中，这是围墙中的学校，从儿童到少年，教育让生命成长着，除了接受知识外，真正的教育就是培植出每一个不相同的生命的理想生活。

第三阶段的教育开始于人生的青年时期，这就是大学的教育。大学，无疑是勇猛的雄鹰从千里之外的岩壁上拍击翅膀后，满怀激情所向往的一座巨大的摇篮，也将是行走在地上的生灵们在成长之梦想中，以梦的方式寻找到的世界。大学校园区别于幼儿园、初高中的地方在于，每一个进入校园的学子都在冥冥之中开始了生命的选择，这一阶段的教育将为每一个有个性的青少年插上飞翔的翅膀。尽管如此，我们都知道，一个生命在飞翔之前，首先必须让翅膀长出羽毛来，长羽毛的这个过程也就是获得教育的过程。每一个学子，都开始培植自己长出羽毛的过程……这个梦想让我回到了西南联大时期，当我一次次行走在云南师范大学的校园深处时，我感觉到一种史诗般强劲而忧伤的旋律正在萦绕着我。

2

人类的每一种时间的历史进展都是一部或长或短的史诗，循着这种旋律，我的心灵一次次穿越着时间。生活是美丽的，有水、山花、精灵……这些东西足以抵抗内心的忧伤、怯懦虚无。很长时间以来，我像在人世间四处彷徨，我深信，心灵的彷徨录帮助我实现了通向另一种语言的过程。

写作是秘密的美差，但进入写作者须排除外界的扰心。当你写作时，你就是你，那些发生的外在事件会影响你，但只有平心静气将你内心酝酿之语境写完的作家，才可能将一本书写完。写作不是舒心的漫游，写作从某种意义上是在穿越你一生所倾注的形而上学的时间，同时也是在磨炼你对世界的态度，以及凭借你的想象力鉴定的人性的真伪。写作是一种劳动，使用的不是锄头，而是你身体中的内陆，每个写作者都有秘密的内陆……

3

与西南联大的教育遗梦相遇时，尽管我们的教育背景已经发生了巨大的变化，然而，我仍然在这一次次轮回中的碧蓝天空之下，捕捉到了那时间的硝烟……很显然，硝烟是一段历史的叙事曲……因为硝烟弥漫，才有了南渡而来的教育迁徙史。我力图让自己回到那硝烟之处，回到这部长诗中的女学生身边，有很多时辰，我感觉到了那个身穿蓝花布裙跟随人流奔跑的女学生，就是我自己。时常让自己置入书中，我自己就经历了一场又一场轮回中的前夜。尤瑟纳尔写作时对自己说，书中那个历尽一切时间磨难的人就是我自己。

我就是这部长诗中的那个女学生，我就是拎着箱子出现在第二次世界大战前夜的那个大学生。

这部诗集源于那个战争之夜的黑暗穿越。

4

我尝试着以70多年前的逃亡之路开始，去叙述这个战事的遗梦：梦，以箱子里拎着的书文开始，从北大、清华、南开三所大学汇集而来的大迁徙，史称世界教育史上的万里长征。这一幕长征之旅以一个北大女学生的语境，开始了叙述。

我尝试着看见我的前世，以一个青春的姿态朝向乌云滚滚南下之路的旅程。因而，从那一刻开始，我不再是渺茫的自我，而是一个体验着教育大逃亡的学子，从北京到长沙再到西南边陲之昆明。

我尝试着破开21世纪的窗户，以此看见70多年以前，无数教育史上的大师学者走过来的路，他们是梦中的精灵。关于精灵，我曾写过这样一首诗歌：

精灵是需要隐藏的，它在灌木丛
看见人类在斗争流血……如果你在这一刻
感觉到了肩膀上有风呼啸过
那证明一只只精灵已经安抚过你了
心啊，我的心，请再一次地
小心翼翼地，侍候好你迎接精灵们回家之路
准备好敞开之窗，迎接一支支透明的魔杖
心啊，我的心，请从灌木丛跃起
请迎接精灵中跑得最快而疲惫的那一只
像桃木、紫檀、松柏、石榴树……
像许许多多忧伤而失忆的那些伟大的名字

5

他们来了。历史上的他们，就是那些闪烁着伟大而孤寂的名字。梅贻琦曾说过：“所谓大学者，非谓有大楼之谓也，有大师之谓也。”

胡适说：有人告诉你，牺牲你个人的自由去争取国家的自由，可是我要告诉你，为个人争自由就是为国家争自由。争取个人的人格就是为社会争人格。真正自由平等的国家不是一群奴才建立起来的。

蒋梦麟说：强国之道，不在强兵，而在强民。强民之道，唯在养成健全之个人，创造进化的社会。

朱自清说：气是敢作敢为，节是有所不为——有所不为也就是不合作。忠而至于死，那是忠而又烈了。

张伯苓说：中国人还有一种特征。小孩大人一样，总不愿别人好。大家在一块谈，谈到别人的坏处，大家精神百倍，说人好处，就不高兴了，好像不愿中国人有好人，这就是亡国的根源。

陈寅恪说：士之读书治学，盖将以脱心志于俗谛之桎梏，真理因得以发扬。思想而不自由，毋宁死耳。

冯友兰说：人心所向似乎不在国民党，要收拾人心，必须开放政权，实行立宪。清朝末年，清室不肯立宪，使国民党革命得以成功，可为殷鉴。

失民心，是从失去知识分子开始的……

从南渡而下的这一批教育史上的人文精神大师学者，载着忧患祖国之梦，终于来到了昆明。他们满身尘土，却带着教育梦想开始建校。我一次次地漫步于昔日的西南联大——今天的云南师范大学校区，每一次我的脚步都会放得很慢……我仿佛又一次与下面这些教授、副教授、讲师们相遇，他们的名字像阶梯般层层向上。

6

我寻访着这些名字，在这个数字化的时代，我的目光经历了西南联大的另一些数字统计，因为战争，联大的学子加入了从军热潮，“第一次是抗战初期，在长沙临时大学的从军潮；第二次是1941年12月7日太平洋战争爆发后，联大学子应征翻译官；第三次是1944年的从军运动中，联大学子参加青年军。据注册统计，联大从军学子共834人，名字都镌刻在西南联大纪念碑的背面。联大学子实际从军人数远多于纪念碑背后的数字，在先后进入西南联大求学的8000多人中，有1100多名学生参军，约占14%。有很多牺牲的，被人遗忘的无名英雄湮灭在时间深处……”

在这些被光芒和阴郁覆盖的事件之下，是中国远征军的出缅记，是救国而勇于捐献的故事。我的足因此曾远游过缅北丛林中国远征军的足迹，也曾经寻找过西南联大学子们，在第二次世界大战的缅北战争中的生死之谜。

时间折射出这些令人悲泣不已的往事，它们是这部长诗中的一部分，也是不可缺少的生命吟诵之歌。

7

我花大量诗节描述着跑警报的日子。

时间已过去了太久太久。面对这碧云蓝天下校园中另一些年轻的面孔，很显然，跑警报对于这一代人来说已经太遥远太遥远。关于遥远，那也许是地平线和群山绵长的阻隔。而对于时间中的历史来说，却是依赖于心灵之流水缱绻而缅怀不已的场景。当我回到西南联大学子们跑警报的日子里，我当然是其中的一个时间符号。

我们不能忽略这样一个现实，历史上所有的记忆都是依赖于符号来保留的。以诗的符号所保留的历史虽然看上去只是时间记忆中的心灵碎片，却也是构成历史的灵魂史。

跑警报是西南联大史上不能忽视的一种生活，在此背景下，我们展现出了诗意背景之下的灵魂录。西南联大的教授学子们在怎样避难？每一个人身处的居所环境都不一样……我在这里力图所展现的是在战争的后方，教授和学子们依然在跑警报中寻找生命的另一个地方，这个地方在哪里呢？很显然，当警报响起来后，跑是必然的，只有奔跑才可能寻找到保存生命的原乡。

跑警报，以很大篇章，揭开了一个个生命的惊险故事。更为重要的是因为跑警报，让我们看到了战争那一团团呼啸而来的乌云滚滚，而我们西南联大却在跑警报声中将教育梦想进行下去。

8

写作就是寻访到心灵史的一些片断。

我知道我依然故我，相比那些原始森林的野鹿，我无法踏遍层层叠叠的腐叶，我也无法畅饮到树上甘露，也不可能奔跑到峡谷的溪涧前大口喝水……人与兽的区别在于我们可以安居自己的心灵。当我穿上干净的裙装时，还可以嗅到上面被太阳照耀的香味，太阳的味道不浓郁，它的味可以潜伏在万物身上。我喜欢太阳，喜欢戴着圆帽，穿过太阳照耀的，我可以走到的每个角落。人与飞禽走兽的区别，在于我们需要穿上衣服做人，当我们学会节制时，内心的自由才可以飞檐走壁。

心灵之所以需要自由，是因为我们要尽可能地回到人类的故事中去。西南联大的每一个故事，都因第二次世界大战的历史背景而脱颖而出，终因时代久远，而变得艰涩而模糊。在这里，我所需要的写作自由，全凭借着那些由我从心灵出发而相遇的故事，在那个黑暗和混乱的时代之下，我就是那个诗中穿蓝花布裙的女学生，我就是植入西南联大的一株幼芽，在抗日战争大后方的昆明，跟随我的老师同学们在战争中避难而寻找着知识的堡垒。

9

这组长诗的开始我试图诗意地吟诵在西南联大背景下一个充满诗性的叙事曲调，我所写下的每一行诗歌，都充满着硝烟未尽的炮火碎片的残迹，它使我忧伤而恍惚。尽管如此，我依然想竭力看到70多年前那些大师们的面孔，作为西南联大曾经的学生，也许确实是我曾经的前世——沉浸在诗歌的虚无美妙中，它抵达的或许是苍茫，却告诉了我银手镯会越来越亮，血液会越来越殷红畅流。而我虔诚地想寻访到西南联大史上的战争遗梦。

很多次，我就在中途停留着……我遇到了那些伟大而永恒的大师，正是他们延续着一代又一代人的理想主义情操；正是这些从联大史上诞生的教授精英们的名字，影响了我们的生或死的世界观。很多次，我作为其中的一个小小的、微不足道的元素，用内心的诗意之烛光，一次次地穿梭在70多年以前的征程中。

很多次，我仿佛在南渡的人群中，仰起汗淋淋的头颈，同他们一起唱着这首《遥遥长路到联合大学》的歌曲：

遥遥长路，到联合大学，
遥遥长路，徒步。
遥遥长路，到联合大学，
不怕危险和辛苦，
再见，岳麓山巅，
再会，贵阳城，
遥遥长路去罢三千余里，
今天到了昆明。

10

我想起了盲诗人荷马的史诗和但丁的《神曲》。

我想起了人类的史诗中都有一个共同的背景和主题存在着，它们在人类共有的苦难和黑暗之路上，探索着一幕幕精神生活。所谓精神也就是我们的梦想，只有在梦想之曙光的朗照下，人类的存在才充满意义。

11

西南联大在第二次世界大战的背景下，以中国教育史上的一场大迁徙，创造了人类教育史上一部史诗传说。

谨以此诗献给从西南联大绵延到21世纪的人文教育之梦想。